本项目为安徽省高校优秀青年人才支持计划一般项目《生态文明视域下安徽省特色小镇开发规划研究》（gxyq2020253）阶段性研究成果

旅游特色小镇开发与建设实践研究
——以安徽省为例

张一君 著

中国商业出版社

图书在版编目（CIP）数据

旅游特色小镇开发与建设实践研究：以安徽省为例 / 张一君著 . -- 北京：中国商业出版社，2020.10
ISBN 978-7-5208-1277-1

Ⅰ . ①旅… Ⅱ . ①张… Ⅲ . ①小城镇 – 旅游业发展 – 研究 – 安徽 Ⅳ . ① F592.754

中国版本图书馆 CIP 数据核字 (2020) 第 184183 号

责任编辑：陈　皓　常　松

中国商业出版社出版发行
010–63180647　www.c–cbook.com
（100053　北京广安门内报国寺 1 号）
新华书店经销
定州启航印刷有限公司印刷
*
787 毫米 ×1092 毫米　16 开　11 印张　220 千字
2020 年 10 月第 1 版　2020 年 10 月第 1 次印刷
定价：48.00 元

*　*　*　*

（如有印装质量问题可更换）

【前　言】

2016年7月1日，中华人民共和国住房和城乡建设部、国家发展和改革委员会、财政部三部委为贯彻党中央、国务院关于推进特色小镇、小城镇建设的精神，落实“十三五”规划中关于加快发展特色镇的要求，决定在全国范围开展特色小镇培育工作，发布了《关于开展特色小镇培育工作的通知》（建村〔2016〕147号）（以下简称《通知》）。这份文件吹响了特色小镇在全国范围内建设的号角，在三部委出台《通知》之前，特色小镇只在小范围内如火如荼地进行试点建设。

安徽省人民政府积极响应国家出台的关于特色小镇培育工作的通知，安徽省住房和城乡建设厅、发展和改革委员会、财政厅于2016年8月8日，结合安徽省实际情况就开展安徽省特色小镇培育工作，发布了相关指导意见。安徽省人民政府于2017年7月20日发布《关于加快推进特色小镇建设的意见》（皖政〔2017〕97号），提出了安徽省特色小镇的建设目标为“到2021年，培育和规划建设80个左右省级特色小镇，重点打造一批特色小镇样板，形成示范效应”。省政府为全省范围内的特色小镇建设给予政策支持，加大资金扶持力度。

本书共分为八章，第一章是绪论，主要阐述了本书的研究背景与意义、国内外的研究现状与进展、研究内容与方法；第二章对旅游特色小镇建设的相关理论进行了统一说明；第三章重点阐释了旅游特色小镇的内涵、类型、特征及建设背景；第四章重点分析了安徽省旅游特色小镇建设存在的问题及现状；第五章分别从文化、产业和功能三个方面分析了旅游特色小镇的构建；第六章对旅游小镇投资与融资的体制与机制、开发与运营思路、开发与运营模式三个方面进行了重点阐述；第七章对旅游特色小镇的特色产业培育、产业链的延伸及产业集群的培育进行了重点阐述；第八章结合安徽省的旅游特色小镇实例重点分析了安徽旅游特色小镇开发与建设的优化路径。

笔者根据当前旅游特色小镇建设的时代背景和多年的旅游景区、乡村旅游、旅游特色小镇规划实践经验，从市场的角度出发，通过文献分析、实地调研和案例研究等方法，撰写了此书。本书坚持理论结合实际，两者相辅相成。当然，书中也存在不足之处，望广大读者批评指正。

前 言

目　录

Contents

第一章　绪论

一、研究选题背景及依据

国务院印发的《“十三五”旅游业发展规划》着重提到了“旅游＋城镇化”。根据该规划，“十三五”期间，将支持发展城市绿道、骑行公园、慢行系统，拓展城市运动休闲空间，加快推进环城市休闲度假带建设，将规划建设一批旅游风情小镇和特色景观名镇。旅游业“十三五”规划除了提出“大力开发温泉、冰雪、滨海、海岛、山地、森林等休闲度假旅游产品”之外，还着重提出了“森林小镇”“低空旅游特色小镇”的建设。旅游业“十三五”规划中，重点提到了“旅游＋农业现代化”“旅游＋现代服务业”“旅游＋健康医疗”“旅游＋体育”等多个方面。“旅游＋农业现代化”方面，规划提出大力发展观光农业和休闲农业，大力发展乡村旅游；发展定制农业、会展农业和众筹农业等新型农业业态；推进现代农业庄园发展；实施乡村旅游创客行动计划，支持旅游志愿者、艺术和科技工作者驻村帮扶、创业就业，推出一批乡村旅游创客基地和以乡情教育为特色的研学旅行示范基地。

党的十九大报告提出，我国生态文明建设成效显著。报告中还指出：“建设生态文明是中华民族永续发展的千年大计，必须树立和践行绿水青山就是金山银山的理念，坚持节约资源和保护环境的基本国策……形成绿色发展方式和生活方式，坚定走生产发展、生活富裕、生态良好的文明发展道路……”十九大报告所提出的绿色发展、生态文明等关键词语指出了特色小镇的发展方向。在建设富强中国、美丽乡村时，生态文明同呼吸，特色小镇发展也将顺势而跃。在“和谐生态”大方针指导下，特色小镇的建设是生产、生活、生态相结合的探索。比如，国家林业和草原局推动的森林特色小镇，强调充分利用当地的自然景观、森林环境、休闲养生等资源，积极引入森林康养、休闲养生产业发展先进理念和模式，大力探索培育发展森林观光游览、休闲养生新业态。此举是和谐生态建镇的有力实践，也是推进新型城镇化的良好举措。以资源优势为依托，以绿色发展为方向，以和谐共生为宗旨，特色小镇在新时代下更应不断开拓和发展。

中央城镇化工作会议、中央农村工作会议及中共十八届三中全会等高规格会议从国家层面为城镇化进程、土地利用及流转、社会主义新农村建设提供了指导，这为我国乡村旅游小镇呈现良好风貌开启了新的篇章。乡村旅游的业态变得越发多元，资本的集聚、要素的整合为乡村旅游小镇旅游产业的培育与发展提供了更多的可能，乡村旅游小镇的旅游业态将越来越不局限于传统的休闲观光业和餐饮住宿业。乡村旅游小镇作为开展乡村旅游的直接载体，其不仅是当地居民居住、劳动、生活的场所，更是带动当地经济的增长点，促进当地居民就业的支撑点，推动就地城镇化的引擎点。因此，我们在关注旅游产业发展的同时，应该把更多的目光聚焦到关乎广大民生福利的乡村旅游小镇上，创新其产业培育模式，探索出适合广大农村地区的旅游产业发展模式，应该立足“以旅促农，积极投身城镇化建设和新农村建设”的精神，大力开展县域旅游、推进旅游小镇发展。

我国旅游资源种类繁多，且有很大一部分分布在农村地区，这为乡村旅游小镇的建设提供了必要条件，旅游产业的快速发展为当地提供了充裕的就业机会、完善的就业渠道，解决了农村剩余劳动力转移和城镇化的问题，这些小镇依托相关特色资源，逐步形成了产业模式特色鲜明的乡村旅游小镇。乡村旅游小镇的发展成果是有目共睹的，但在其产业快速兴起的同时，也产生了许多亟须解决的问题：一部分乡村旅游小镇只注重当地的特色旅游资源，而忽视了市场的需求，对当前游客日新月异的消费需求把握不足，不仅造成了资源的浪费，也不利于当地旅游产业的发展；一些旅游小镇本没有特色资源也没有市场，只是一味地跟风开发，反而阻碍了当地其他产业的发展；还有一部分旅游小镇产业结构单一，管理缺乏经验，造成了整个小镇的经济效率低下……以上只是我国乡村旅游小镇建设过程中存在的几个问题，要想把我国的旅游小镇建设好，必然要求完整的、高效的产业模式来支撑。因此，我们有必要培育出适合当地自然、经济、社会等状况的乡村旅游小镇产业模式，从而推动乡村旅游小镇的科学发展和良性发展。

在国家政策的支持鼓励下，在《通知》的指导下，安徽省也走上了建设特色小镇的道路。如今正是安徽省特色小镇快速推进发展的时期，在特色小镇如火如荼的建设过程中，一些问题不可避免地出现，值得我们高度关注。如特色产业支撑不足、“房地产化”倾向显现、政府干预过多、建设资金压力较大等。2018 年 3 月，国家发展改革委印发了《关于实施 2018 年推进新型城镇化建设重点任务的通知》，表明了态度，政府十分重视特色小镇建设中出现的问题，要求各地政府部门妥善解决特色小镇建设中出现的问题，为特色小镇建设更稳、更好地推进出人出力。

旅游特色小镇是特色小镇的重头戏，在安徽省特色小镇建设中占比大，具有典型性。本书希望通过研究安徽省现有的旅游特色小镇，为旅游特色小镇的建设提供一定的指导，为顺利推动安徽省特色小镇的总体建设做出微小的贡献。本书结合具体案例分析安徽省旅游特色小镇建设的现状，分析安徽省旅游特色小镇在建设过程中存在的共性问题，并借鉴国内外成功的旅游特色小镇建设经验，针对这些突出问题对症下药，提出相应的对策建议，帮助安徽省旅游特色小镇建设规范有序地持续推进。

二、研究选题意义

目前，学术界对旅游小镇产业理论的研究多集中于产业集群、产业结构等方面，产业培育与发展方面的相关理论尚显匮乏，本书通过研究旅游小镇开发与建设模式，利用区域经济学、产业经济学等相关理论支撑，可以演化成乡村旅游小镇产业培育的基础理论，也可为今后有关研究打下一定基础，这对丰富旅游学术的研究内容、拓展旅游学术研究的理论框架颇有裨益。旅游特色小镇作为发展旅游产业的直接载体，不仅是当地居民居住、劳动、生活的场所，更是带动当地经济的增长点，促进当地居民就业的支撑点，推动就地城镇化的引擎点；不仅是中国众多旅游资源分布的重要区域，还是中国实现城镇化的重要构成体系。旅游特色小镇的产业发展关乎整个旅游业的发展，高效的产业模式不仅能够造福民生，还承担着拉动内需、促进就业等一系列社会职能。因此，对旅游特色小镇产业培育与发展模式进行研究，对于实现广大乡村地区就近就业、就地城镇化具有现实的指导意义。

特色小镇建设是就地城镇化在我国当前城镇化进程中的一个新的尝试与实践，而旅游特色小镇是特色小镇建设中极具生命力的一种形式，它对促进当地经济增长有显著的成效，可以直观感受到旅游特色小镇对当地的改变，其对我国的新型城镇化具有重要的现实意义。国内每个省份的个体差异巨大，在国家特色小镇建设的大背景下，针对安徽省旅游特色小镇的研究具有现实意义。本书重点研究安徽省旅游特色小镇的建设，可以在具体分析旅游特色小镇建设现状的基础上，总结安徽省旅游特色小镇建设中发生的共性问题，根据实际问题研究出更加具体的、适用性更强的措施。研究安徽省旅游特色小镇建设，可以结合安徽具体的政策、文化、经济条件等来分析，可以使措施更加符合安徽省省情，有利于帮助地方旅游特色小镇产业的升级，并带动乡村环境、经济全面发展，可以促进旅游特色小镇建设的完善，对推动安徽省旅游特色小镇建设甚至全省特色小镇总体建设具有现实意义。

特色小镇建设目前在我国处于起步发展阶段，缺少关于特色小镇建设的系统研究，特别是旅游特色小镇的建设缺少理论指导。本书通过系统研究旅游特色小镇的建设问题，可以补充现有的特色小镇建设理论成果，完善特色小镇建设的理论框架。因为浙江省特色小镇建设走在国内前沿，所以目前特色小镇建设的研究大多是关于浙江省的，针对安徽省特色小镇建设的研究非常少，尤其是专注安徽省旅游特色小镇的研究更少，所以本书具有重要的理论意义。本书可以通过具体研究安徽省旅游特色小镇的建设，弥补安徽省旅游特色小镇建设研究的空白，完善安徽省特色小镇建设的理论基础，为日后安徽省特色小镇建设尤其是旅游特色小镇的建设提供研究依据和理论基础，并且能够吸引更多的学者对安徽省特色小镇的建设进行研究，为日后特色小镇的可持续发展提供理论支持。

三、研究内容与方法

（一）研究内容

1. 主要研究内容

本书在对旅游特色小镇的国内外相关研究成果充分梳理的基础上，对旅游特色小镇的定义、分类及特点等进行了解释。然后基于社会主义新农村建设的相关理论，对旅游特色小镇产业问题和现状做出了分析，构建了旅游特色小镇的“特色”，对旅游特色小镇的开发和运营模式进行了分析，并对其产业链的延伸和培育进行了研究。最后通过安徽省旅游特色小镇的案例分析了安徽省旅游特色小镇开发和建设的优化路径。

2. 研究重点与难点

通过密切关注社会实践的新发展和新动态可以得知，特色小镇在国内是一个热点词语，针对安徽省特色小镇建设尤其是旅游特色小镇建设的研究非常少。目前安徽省旅游特色小镇建设处于快速发展阶段，相关的制度、体系还不够完善，许多旅游特色小镇在建设过程中出现了难以解决的问题，但是大多数研究是关注浙江省等一些发达地区，单独指向安徽省旅游特色小镇建设的研究很少，由于缺少关于安徽省旅游特色小镇建设的整体研究，导致政府、企业解决问题缺少理论基础和系统指导。本书系统地研究安徽省旅游特色小镇建设，可以帮助全省范围内的旅游特色小镇解决建设中存在的共性问题，当建设中出现问题时，他们可以有系统的研究帮助他们明确现状和指导其解决问题，有利于安徽省旅游特色小镇建设的高效稳定推进。

（二）主要研究方法

多学科交叉的研究方法。研究以社会主义新农村建设的相关理论为基础，综合运用了旅游学、管理学、产业经济学、区域经济学、社会学等学科理论，进行了多学科交叉与研究。

文献查阅与案例研究相结合的研究方法。本书在查阅了大量文献的基础上进行了研究，得出了相关结论，最后通过案例研究的方式将论文的研究成果运用到具体实践中，突出了本书的理论与实践意义。

1. 文献研究法

本书拟通过研读现有关于特色小镇建设的各种文献，梳理现有研究中关于特色小镇建设及旅游特色小镇建设的主要观点和结果，分析如何更好地推进安徽省旅游特色小镇建设。

2. 案例研究法

通过实地调研安徽省不同区域的旅游特色小镇，了解地方旅游特色小镇建设的实际现状，并将它们作为案例增加现状分析的可信度，用以分析不同旅游特色小镇的共性问题。

四、我国旅游特色小镇的分类

本书侧重于研究旅游特色小镇的产业开发与建设，因此笔者尝试从产业构成的角度来对旅游特色小镇进行分类。根据各产业在小镇国民经济中所占据的主导地位大致可将其划分为餐饮住宿主导型、休闲观光主导型、旅游商品主导型及生态农业主导型四类。

1. 餐饮住宿主导型

这一类型的乡村旅游小镇的旅游业的收入主要源于餐饮住宿业，它们或是以传统的地方美食来吸引食客，或是以某种特定的主题餐饮来招徕顾客，或是以提供游客某种体验式居住为吸引力，游客来此旅游主要是为了品尝特色美食，体验别具风格的居住环境，甚至于旅游业也是因此而兴起。这其中堪称典范的就是当下的农家乐、渔家乐等。

2. 休闲观光主导型

这一类型的乡村旅游小镇大都有着优美的自然风光、浓厚的人文气息，通常能够给游客带来视觉上的冲突和心灵上的震撼，景区的门票及其他休闲观光产生的附加费用是当地旅游业的主要收入。比较有代表性的，如位于重庆武隆区的仙女山镇及位于湖南湘西土家族苗族自治州的凤凰古城，前者以其美轮美奂的山水自然风光打动游客的心，后者因其秀丽的风景和浓厚的民族特色吸引中外游客。

3. 旅游商品主导型

这一类型的乡村旅游小镇数量相对较少，它们通常以盛产某种产品而出名，旅游业也因此兴起，游客大都是冲着其土特产而去的，其旅游业收入主要通过产品加工、销售等构成。我国一些以土特产出名而开发的旅游乡镇属于此类型，如浙江的龙井镇，就因为其是龙井茶的原产地而名声大震，每年来此品茶、购茶的游客络绎不绝。

4. 生态农业主导型

由于新农村建设有条不紊地展开，广大乡村地区的道路、水利水电等基础设施日趋完善，这给乡村旅游业的发展带来了契机。因此，这一类型的乡村旅游小镇在我国有着较为广泛的分布，这种把旅游业和农业结合起来的发展模式也变得越发成熟，对促进当地农民增收、改善生活水平有着举足轻重的作用。

第二章　特色小镇建设的理论研究

一、田园城市理论

（一）田园城市“乌托邦”愿景的提出

英国社会活动家埃比尼泽·霍华德（Ebenezer Howard）于1899年成立了“田园城市协会”，田园城市是他于19世纪末提出的关于城市规划的设想。霍华德在《明日的田园城市》（*Garden Cities of Tomorrow*）① 中描述了他的“乌托邦”愿景，包括如何资助、规划和管理一个田园城市，阐明了“城市—乡村”的全新发展思路。他认为，解决现代工业城镇过度拥挤和恶劣环境的办法是产生新的规划社区，创造城镇和乡村的“快乐联盟”。田园城市的目标是将城市生活的吸引力与接触自然和更健康的生活方式结合起来，就是“在乡村原野上建立一个控制城市和人口规模的具备城市功能化的田园城市，人们就近生活，就近工作，亲近原野，造化自然”。这种理想意境的生活方式是田园城市的真实写照。

霍华德在他的著作《明日，一条通向真正改革的和平道路》（*Tomorrow：A Peaceful Path to Real Reform*）② 中进一步提出了建设新型城市的方案，并称为“田园城市”。这是一种兼有城市和乡村优点的理想城市，实质上是城和乡的结合体，与一般意义上的田园城市有着本质的区别，可以有效避免城市膨胀和生活条件恶化，使现代科学技术和社会改革目标在城市与乡村同步达成各自的目标。

1919年，英国“田园城市协会”明确提出了田园城市的含义：田园城市是为健康、生活及产业而设计的城市，它的规模能足以提供丰富的社会生活，但不应超过这

① Ebenezer Howard. *Garden Cities of Tomorrow* [M]. MIT Press, 1965.

② Ebenezer Howard. *Tomorrow：A Peaceful Path to Real Reform* [M]. Cambridge University Press, 2010.

一程度；四周要有永久性的农业地带围绕，城市的土地归公众所有，由某个专业委员会受托掌管。

（二）田园城市的特点和优势

“田园城市理论”的构成可以总结为以下几个要素：相对独立的空间系统；自给自足的城市功能；慢节奏的休闲生活；对环境进行保护；可持续的生态系统；生产、生活、生态和谐统一的功能组团；便捷的交通网络；均衡的社会服务；城市与乡村的融合。

田园城市理论回答了现代城市规划面临的一系列问题具体如下：

①城市建设与扩张是否应该最大限度地保护乡村的自然、生态与文化？

②城市如何选择一条可持续、低资源消耗的城市发展路径，让市民得到高品质城市生活，即兼顾乡村生态休闲的生活方式？

③城市管理者如何兼顾多元群体的利益，确保城市居民与乡村农民在城市化的进程中获得同等丰富的社会生活、财富增值与利益平衡？

田园城市的特点和优势如表 2–1 所示。

表2–1 田园城市的特点和优势

特点和优势	内容描述
田园城市兼具工作与生活两个功能	使用土地必须缴付租金或者土地出让金。在土地上进行建设、聚居而获得的增值税归投资者所有；城市的规模必须加以限制，交通便利，使每户居民的生活都融入乡村自然空间
田园城市兼具城市和乡村两个形态	现代田园城市，市区绿地广布，郊区森林环绕，城市即为田园，田园即为城市。 城市在基础设施先进、城市功能健全的前提下，分享乡村田园风光；乡村在农业有特色、业态城市化的前提下，融入城市生活。城乡分割后出现城乡二元结构问题，通过发展田园城市，初步实现了边界消失、城乡融合，最终达到一体化发展
田园城市疏解大城市功能	田园城市没有工业化带来的烟尘污染，多以电为动力源，城市垃圾集中处置，严格控制城市规模，人口规模适中，不盲目膨胀，规避了大城市弊端。以自然田园城市疏解大城市生态环境为依托，限制城市之间的距离，兼有城市和乡村优点的理想城市，城市四周被农地围绕，或农地绿色渗入核心城区，农村腹地接受城市文明的辐射，保证居民能够在接受城市现代化信息的同时享受乡村自然风光
田园城市可以是多中心、整体化集合体	田园城市既兼有城、乡的有利条件，又可以规避两者的不利条件。城乡之间以快速交通和即时迅捷的通信相连，把城市和乡村统一成一个相互渗透的区域综合体，形成一个多中心、整体化运作的城市系统

二、块状经济理论

（一）"块状经济"的定义以及浙江实践

所谓"块状经济"①，也称为"经济马赛克"，是指在一定的地域范围内形成的特色产业集聚，且形成了特定产业专业化的产销基地，是一种区域特色经济特有的组织形式、生产形式和流通形式，具有极强的区域品牌特性。经验表明，在地区经济的发展中，由大量中小微企业集中经营而构成的"块状经济"，成行成市布局，形成区域品牌（地方品牌），从而降低交易成本，提高信息和资本流转效率，已经成为推动区域经济快速发展的一种重要模式。

随着块状经济地理集中度不断提升，"块状经济"的区块规模显著扩大，能够带动当地的经济和社会发展，因而又称为区域特色经济。在规划视角下，特色小镇是块状经济转型升级的新业态，是产业平台的新高地，是改善人居环境的新抓手，是规划创新的新挑战。

在浙江，"块状经济"分布于全省各地（见表2–2），在地理版图上形成块状明显、色彩斑斓的"经济马赛克"：基于传统工业文化的特色小镇建设催生出了复兴型产业的全面繁荣；基于公有制企业社会化的特色小镇建设扩散出了衍生型产业的影响力；基于工匠商贩的特色小镇建设引领了创业型产业的全面兴起；基于专业市场的特色小镇建设引导了贸工转换型产业的普遍成长；基于外商投资企业的特色小镇建设促进了孵化型产业的孕育；基于产业链招商的特色小镇建设开拓了生成型产业崭新的价值网，在扩大经济总量、优化经济结构中起到了举足轻重的作用。

表2–2　浙江"块状经济"分布

地理经济板块	代表性产业
宁波板块	宁波电气机械、宁波金属制品、宁波塑料制品、宁波通用设备、宁波服装、宁波有色金属、宁波纺织、宁波工艺品、宁波电子通信、宁波交通运输设备、宁波文体用品、宁波专用设备、宁波化纤、宁波农副食品加工等
温州板块	温州鞋革、温州服装、温州乐清电器、温州塑料、温州汽摩配、温州印刷等
绍兴板块	绍兴织造、绍兴印染、绍兴纺丝等
诸暨板块	诸暨五金、诸暨织布、诸暨织袜等
嘉兴板块	嘉兴皮革、嘉兴纺织、嘉兴化纤、嘉兴服装等

① 王波．规划视角下特色小镇的编制思路与方法研究——以无锡禅意小镇规划为例[J]．江苏城市规划，2016（10）：26 -31.

续 表

地理经济板块	代表性产业
温岭板块	温岭泵与电机、温岭鞋帽服装、温岭汽摩等
其他板块	嵊州领带、上虞化工、杭州五金机械、富阳造纸、萧山化纤、玉环汽摩配、湖州长兴化纤、临海机械电子、玉环阀门等

（二）浙江“块状经济”发展的基础

一是根植于大众创业的土壤和精神。中小微企业是“块状经济”的建构主体。为数众多的中小微企业单位，集中在一个狭窄的分工领域，聚焦特定产品，将专业化分工作为经营主体间的纽带，初始期面向中低收入消费群为主要市场，构成了具有地方特色的区域生产体系，是大生产、大流通的大工业生产体系的构成部分，并为大体系提供了服务体系，构筑起专业化产业区，通过产业协作、组织创新、市场精准对接而赢得竞争优势。

二是“块状经济”通过产业集中诱发专业市场建设。“块状经济”的发展有赖于专业市场建设，通过专业市场需求刺激产业加速发展，为专业化制造提供服务，实现小产品大市场。专业市场的出现，在较大程度上解决了特色制造业和中小微企业发展，尤其是初始发展所必需的资本服务、用工服务、市场信息、原材料供给和产品销售渠道等。

三是营商环境是“块状经济”发展的重要基础。由于使用市场机能的成本相对偏高，本地经营主体多采用专业分工的信任机能进行交易。“块状经济”的商业活动大多以血缘、姻亲、地缘、乡谊为维系纽带，形成了以彼此信任为基础的交易机制，降低了经营风险、交易成本，提升了应对外来竞争的整体能力。社会网络中集聚的市场意识、冒险精神、创业精神和风险意识，扎根于深厚的地域效率机制。

（三）对于“块状经济”发展趋势的判断

基于初级资源要素禀赋和要素在空间上的集中机制发展起来的“块状经济”，本质上还处于产业集群的初级阶段。“块状经济”表现出专业化协作水平不高的缺陷。随着“块状经济”向专业化集聚发展，区域内出现了大量的高端创新要素（高校、研发机构等技术创新及转化机构）、上下游配套企业和中介服务机构，专业化协作网络、中介服务体系及区域产业链基本形成，区域品牌初步树立，区域价值网逐渐形成，“块状经济”过渡到“集聚经济”。[①] 基于此，我们可以做出以下判断：

① 赵佩佩，丁元．浙江省特色小镇创建及其规划设计特点剖析[J]．规划师，2016，32（12）：57-62.

第一，“块状经济”还处于产业集群的初级阶段。主要是生产同类产品的企业在一定区域内的简单集中，是一种粗放式的经济发展模式，科技含量偏低，产业协作方式单一，专业化水平不高。浙江省针对浙江“块状经济”发达但产业转型升级滞后、传统资源要素丰富但高端要素聚合不足、城镇化速度较快但城镇景观缺少特色等问题，将特色小镇建设作为寻求促进产业、空间双升级的新型发展空间平台。

第二，强调政府计则的科学性。在建设特色小镇的整个发展过程中，政府计则的科学性程度远高于此前的“一镇一品”，且在整个产业销上的整介和集聚程度也相对较高。政府的角色已经转变成在小镇发展之初就提供明确的指导性规划，为当地发展指明方向，真正退回到了发展的制度设计和创新，基础资源配置的“供给侧”。①

第三，“块状经济”正在向“产业集群”发展。从“块状经济”发展到“产业集群”，是提升产业竞争力的重要基础，发展产业集群是后起国家及地区从比较优势转变为国际竞争优势的重要途径。目前，部分“块状经济”尚处于通过企业自身规模扩大和提升科技含量而产生集聚优势的初始阶段，本来必须拓展产业镇和价值链，优化制造工艺和流程，通过相互联系的组织实现“去地方主义”，融入国际化。

第四，“块状经济”发展成为“集聚经济”后将成为区域经济的支撑力量。在全国产业结构转型升级的大背景下，各地“块状经济”也在向技术密集、资本密集、人才密集的高端产业升级，进一步延伸产业链。地方生产系统的智能化改造加快，在加工制造、交易流通、融资上市等重要节点均形成一定的协同创新族群，并成为独特的竞争优势。因此，“块状经济”是“集聚经济”的发展基础，“集聚经济”是“块状经济”的发展方向。

第五，“集聚经济”有利于提升区域竞争力。浙江省特色小镇短短两年的实践证明，特色小镇对推动地方政府立足资源禀赋、区位环境和本土特色，发展优势主导产业、延伸产业链、集聚高端要素有重要意义，直接推动了构建“小镇大产业”、提升区域竞争力。随着产业发展的层次和水平不断向高端演进，马赛克式的“块状经济”加速向现代产业集群转型，新能源汽车产业、数字经济等新兴产业也加速集聚，通过形成创新型集群价值链孕育出极具市场竞争力的区城品牌。

总之，“块状经济”扮演的角色举足轻重，既对工业发展产生了巨大拉力，又极大地推动了城镇化进程，还吸纳了大量农村剩余劳动力，成为提高农村居民收入水平、缩小城乡差距的重要支撑。

---

① 陈宇峰，黄冠．以特色小镇布局供给侧结构性改革的浙江实践[J]．中共浙江省委党校学报，2016，32（5）：28-32.

三、产业集聚理论

从产业集聚（industrial agglomeration）理论的演进过程来看，产业集聚理论经历了外部经济理论、产业区位理论、新竞争优势理论、新制度经济的交易费用理论、新经济地理学规模报酬递增理论等探索过程，这也是一个从“成本决定论”到“利润决定论”“市场区位论”的探索过程。

（一）古典区位理论

古典区位理论着重从降低成本的角度探讨农业、工业的最佳区位问题，其价值取向突出了“成本决定论”。“杜能圈”是围绕城市形成的一系列同心圆。工业区位论认为，集聚因素可以产生“集聚效应”，集聚效应是指某些工业部门向某个地区集中所产生的一种大于所追加的运费或劳动力费用，从而使产品生产运输成本降低的效果。韦伯在理论上的最大贡献就是首次提出“区位因素”概念，并对“集聚效应”进行了分析。

1776年，亚当·斯密（Adam Smith）根据绝对利益理论（the theory of absolute advantage），从分工协作的角度将产业集聚定义为由一群具有分工性质的企业为了完成某种产品的生产联合而组成的群体；1817年，大卫·李嘉图（David Riaqrdo）认为产业聚集源于生产特定产品的区位优势；1826年，约翰·杜能（Johann Thinen）从微观企业区位选址的角度，提出了产业区位理论，认为费用最小区位是最好的区位，而集聚能使企业获得成本节约；1890年，阿尔弗雷德·马歇尔（Alfred Marshall）发现，产业集聚能够吸引促进专业化的投入和服务，能够提供特定产业技能的劳动力市场，并产生溢出效应，使集聚企业的生产函数优于单个企业的生产函数，企业从技术、信息等的溢出中获益[①]；1909年，阿尔弗雷德·韦伯（Alfred Weber）首次提出了集聚的概念，并从微观企业区位选址的角度提出了产业区位理论[②]。

（二）近代区位理论

近代区位理论包括德国城市地理学家克里斯塔勒（W. Christaller）和德国经济学家廖什（A. LÖsch）分别于1933年和1940年提出的“中心地理论”（centra place theory），认为市场网络系统是按照经济规律形成的经济空间分布的等级序列。[③] 科斯

① ［德］杜能．孤立国同农业和国民经济的关系［M］．吴衡康，译．北京：商务印书馆，1986.

② ［德］阿尔弗雷德·韦伯．工业区位论［M］．李刚剑，陈志人，张英保，译．北京：商务印书馆，1997.

③ ［德］克里斯塔勒．德国南部中心地原理［M］．常正文，王兴中，译．北京：商务印书馆，2010.

从一个侧面说明了产业集聚（企业的聚集）所产生的经济效益（交易费用的降低）。佩鲁（Perroux）通过产业关联、外部性等角度探讨了经济的非均衡增长，认为产业的地区性集中给产业结构和增长带来了特殊效应，经济增长的原因是生产的聚集及其辐射带动。[①]

（三）新经济地理学

新经济地理学（new economic geography）学派从全新的角度来研究聚集经济和产业集聚现象。迈克尔·波特（Michael Porter）从企业竞争优势的角度提出了产业群（industrial clusters）的概念，同时利用“钻石”模型对产业聚集及产业群进行了分析。[②] 保罗·克鲁格曼（Paul Krugman）提出产业集聚的“中心—外围”模型，说明产业集聚依赖于外部经济，即规模经济、收益递增及运输成本和需求的相互作用。[③]

综上，市场区位理论的发展经历了单个企业的市场、潜在市场、多个企业的市场构成的市场网络三个阶段，理论着重阐明了市场最佳区位选择的假设条件及目的。城市区位论则着重从城市等级与规模的空间关系、市场区与市场网的内部联系出发，探索企业如何获得最大利润。特色小镇多属于产业型小镇，其空间选址往往更遵循产业区位理论，是某类产业市场配置的结果。

（四）创新性产业集群

从亚当·斯密到波特，产业集群的探索经历了萌芽和演变过程。经济合作与发展组织（Organisation for Economic Co-operation and Development，OECD）完成了创新集群概念的理解转向，提出了当代创新集群概念。随着世界经济的发展及产业竞争的国际化趋势，产业集群的创新能力越来越受到关注，创新性产业集群进入人们的视野。

罗恩·德维尔（Ron Dvir）提出，相关联的产业在一定区域内实现了有效集聚，就会在相互作用与影响下形成产业集群系统。莱沃申科（Levchenko）对国际上产业集群的产业数量和发展动力进行分析研究，明确了产业集群与世界经济发展之间存在紧密的正向关系。

中国学者在国内产业发展实践中也找到了产业集群的促进要素和发展轨迹。陈松洲提出，在发展创新型产业集群过程中，必须有效发挥政府作用。例如，强化发展创新型产业集群的理念；制定科学的产业集群发展规划；构建完善的社会服务体系和技术创新服务体系；引导企业建设创新型文化；加强社会中介组织的建设；建立多元的

---

① ［法］弗朗索瓦·佩鲁．略论增长极概念[J]．李仁贵，译．经济学译丛，1988(9)：67-72.

② ［美］迈克尔·波特．国家竞争优势[M]．李明轩，邱如美，译．北京：中信出版社，2012.

③ ［美］保罗·克鲁格曼．地理与贸易[M]．北京：北京大学出版社，2000.

投融资体制及重视人力资源的开发和引进等。

沈小平、李传福研究发现，创新型产业集群已经成为区域经济的重要组成部分，区域经济之间竞争的本质是不同产业集群之间生产方式与生产效率的竞争。因此，创新型产业集群在未来全球产业价值链中的地位将十分关键，推动创新型产业集群形成不仅是培育战略性新兴产业的重要手段和载体，而且是建设国家创新体系的重要助推器，必须从自组织和他组织动力系统两方面提供动力要素的作用机制，包括竞合机制、协同机制、创新机制、诱导机制和调节机制。

从本质上说，特色小镇满足了产业集聚所需要的产业基础、特定空间和文化土壤。特色小镇的专业化、专门化及领域聚焦的清晰定位，提升了吸引产业链坚定集聚的效率。随着全球城市化的展开和信息网络经济的高速发展，专业化劳动力和产业资本形成了更强的增值效应，网络和智能技术及发达的交通网络等，为产业分工和竞争提供了新的集聚动力，使各种经济要素摆脱了传统区位空间的地理约束，这也是特色小镇全面崛起的理论基础和现实土壤。特色小镇作为城市的一种类型，为要素集聚提供了空间和载体。

四、区域品牌理论

（一）区域品牌形象标识系统

中国各地区资源禀赋各异，构成了代表各自特色的“区域品牌形象标识系统”。区域品牌作为一定行政或地理区域范围内企业族群共享的公共品牌，具有非竞争性、非排他性、外部性、资产性、规模效益性、与区域企业品牌互动性、与区域文化互动性等特征。由于历史原因，区域品牌与块状经济紧密联系，特色小镇可以被品牌化，如利用产业与企业集群品牌、特定产品品牌、区域文化品牌、名胜古迹和景观品牌等命名，提高知名度、利于传播，增强其吸引力。例如，以企业品牌命名的特色产业小镇——海尔小镇；以运动类别命名的运动小镇——足球小镇、攀岩小镇、定向越野小镇等；以特定产品命名的产业小镇——机器人小镇、葡萄小镇、影视小镇等。

区域品牌的基本构成要素主要包括区域特征、品牌内涵和视觉标识等。区域品牌不仅是一种符号结构系统，或者某种产品的象征，更是产业、企业族群、产品品质、社会文化的综合反映和体现。从狭义概念来说，区域品牌特指某个地区的特色“产业集群”，它象征着该产业集群的历史与现状，是区域产业集群的代表。同时，区域品牌也是一个识别系统，这个识别系统是由区域（地名）和产业（产品）名称为核心构成的，它在法律上表现为商标或集体商标。

区域品牌在性质上既有产业集群的属性，又有品牌的属性。区域品牌包含的内容比较广泛，区域自然与人文特征、产业集群内部的结构、产业发展的政策环境等都成为区域品牌的构成要素，都对区域品牌营销产生影响。区域品牌具有品牌的一切属性，其中最主要的是它的识别性、资产性、竞争性和目标客户与消费者特征等。区域品牌意味着高质量、高信誉、高效益、低成本，通过共同使用价值把所有单个成员的生产经营能力有效组合起来，形成数量优势，显示规模效应。

同样，以农产品品牌来打造的特色小镇，主要以特色农产品产业发展为核心，以农业增效、农民增收为目的，结合乡村生态保护、乡村基础设施建设、农产品品牌打造等功能，打造具有特色产业定位、创意文化内涵、农业旅游功能、美丽人居环境的新型现代农业可持续发展空间平台。利用农产品品牌所涵盖的特定区域内相关企业、农户、流通渠道等所共有的品种品质管理、品牌使用许可、品牌行销与传播的共同诉求与行动，形成与区域农产品和区域形象共同发展的特色小镇品牌。在品牌力量的推动下，现代农业特色小镇多利用网络平台对主导产品进行集中宣传、推介、销售，带动域内经营主体进行网络销售，促进镇内特色主导农产品的发展和销售，推进“一镇一业”发展，形成现代农业发展新动能。

（二）特色小镇文化资本

品牌是市场营销学的一个重要概念，现在已广泛应用于其他领域。品牌是品牌自身无形资产的集中体现，它集中于特定的形象及其个性化的“符号”或“信息”来识别。小镇品牌的力量是能够引导人们认识和了解到某一区域，并和某种形象和联想产生联系。小镇品牌形象是一个区域对内对外的整体形象，其要素包括了政治、历史、文化、环境等。经济发展和区域形象是相互驱动的关系。小镇品牌结合了主观与客观、个体化与社会化两个维度，一种新的阐释小镇品牌形象内涵的方式将进一步影响小镇品牌的整体营销理念，成为“小镇文化资本”的构成部分。

特色小镇的品牌营销是指用宣传手段和营销手段与目标受众进行沟通，目的是有效吸引资本和人力进入，促进旅游业和产业发展。利用小镇品牌文化对吸引移民、旅游、产业、投资等方面的现实意义，凸显特色小镇作为一个新的多种经济形式的聚合体、一种整体产业链、各种创新要素融合的产业升级和经济结构调整的平台的特有风格与魅力。麦克法登等（MacFadden et al.）把一座城市类比成一个公司，深入地研究了关于城市品牌相关的投资方式，以及一座城市可以从城市品牌当中获取的一些价值。吉普森（Gibson）以在华盛顿特区推销城市生活的实践为例，探讨了关于城市领导者如何在打造城市品牌的过程中，将郊区目标市场群体吸引到城市并且定居在城市的过程。

特色小镇文化资本的形成是一个复杂的积淀过程，它涉及政治、经济、环境、科学、文化、教育、建筑、艺术等许多领域。因此，特色小镇的品牌建设需要根据特色形成的成因机制，分析产业、文化、旅游、服务四大功能各自的特色形成和互动过程及结果，探索特色小镇在规划、建设实践背后的行动逻辑，构建特色小镇的特色内容框架体系及具有小镇特色的产业、社会、文化、技术诸要素的联动机制。研究特色小镇品牌构建的系统框架，以品牌效应的视角来规划设计特色小镇，可以为特色小镇建设提供新的思路和方法，对探索特色小镇分类化、错位化、品牌化发展有着积极且深远的作用。

五、创新生态系统理论

（一）演进历程及特点

创新生态系统是指一定的空间范围内组织与环境通过创新物质、能量和信息流动相互作用、相互依存形成的系统。它具有嵌套性、整体性、自组织性等特征，其中的共同演进是创新生态系统最核心的特征。

从“块状经济”到产业集聚，再到生态系统的形成，是特色小镇的演进历程，也是其不断走向成熟的具体表现。创新生态系统是一个封闭且能自我调控的系统，涵盖了所有创新要素及它们之间的关系，包括资本、创意、文化、人才之间的相互作用，也指那些能够将新的理念或技术与产品、服务和生产过程相结合的资源、机构及基础设施等所组成的体系。

特色小镇创新生态系统的主要特点表现在四个方面。第一，高度关注镇域特色产业的市场化，目标是提升商业价值。第二，拥有完善的创新资本体系。健全的创新资本体系是确保创新生态系统活力和效率的核心要素。创新资本体系构成多样，各具功能和优势。第三，形成完整创新生态圈。在创新生态系统中，公共和私营研究机构、企业、风投资本、专业配套服务，以经济利益为基础紧密合作，形成相对独立的独特的生态圈。第四，资本的深度介入。风险资本积极参与从科技创新到商业化和产业化的全过程，这既可以促使创新活动尽快出成果，使创业企业能够快速成长，也能够显著缩短创业投资回收周期。

（二）创新生态系统实践

硅谷拥有开放包容的文化，是美国青年心驰神往的工作地点，也是世界各国留学生的竞技场和淘金场。从平等开放的角度讲，硅谷文化没有种族、肤色、年龄和性别等限制，对所有人开放，使硅谷成为国际性人才的聚集地。一批科技专家聚在一起，必然思维活跃，互相切磋中很容易迸发出创新的火花。硅谷高新技术公司的创立和资金投入方兴未艾，仍然呈现出发展的趋势。从相互合作的角度讲，硅谷人非常重视人与人之间的协作，硅谷科技成果产业化的成功绝不是偶然，而是经由团队协作、全员努力所得来的。

随着新一轮科技革命和产业变革孕育兴起，以互联网、大数据为生产要素的新经济模式正在重塑全球经济格局和竞争优势，信息网络、大数据、智能制造等高新技术加速了生产方式的变革和产业创新的方向，全数字化成为颠覆性创新的重要支撑。以平台经济为代表的信息经济快速兴起，创意在聚合、碰撞、交融，资金流、信息流、人才流加速汇集，形成经济新增长点和发展新模式。在这一过程中，以云计算、物联网、大数据、人工智能、分享经济等新技术、新模式为核心的特色小镇，正在形成人才、教育、资本、技术、理念、管理等方面的独特优势，引领科技型特色小镇的发展方向。我国特色小镇建设坚持因地制宜、突出特色，善于有效集聚人才、技术、资本等高端要素，实现小空间大集聚、小平台大产业、小载体大创新，能有效促进企业提质增效，加速形成新的经济增长点。

第三章　旅游特色小镇概述

一、旅游特色小镇的内涵

（一）特色小镇的内涵

小镇，最早特指驻兵镇守的州郡中之较小者。《南齐书·柳世隆传》中写道："东下之师，久承声闻。郢州小镇，自守而已。"后来，正如王步青《见闻录·松江记事》中写道："中大桥……沿黄浦江北岸——小镇也。市长不过半里。"小镇衍生为县以下人口较集中而有商业活动的居民点。现在着力打造的特色小镇与古时已有不同，特色小镇建设是中国城镇化进程中非常重要的组成部分。随着第一批中国特色小镇名单的公布，其内涵和特色逐步展现出来。

特色小镇既不是传统意义的"镇"，也不是行政区划单元的"镇"，而是一个大城市内部或周边的，在空间上相对独立发展的，具有特色产业导向、景观旅游和居住生活功能的项目集合体。特色小镇既可以是大都市周边的小城镇，又可以是较大的村庄，还可以是城市内部相对独立的区块和街区，其部分服务功能可以和城市共享。国家发改委城市和小城镇改革发展中心有关专家指出，特色小镇既是产业载体，也是文旅空间，更是宜居宜业的大型社区；是集产业、文化、旅游、社区功能为一体的新型聚落单位；是以产业为核心，以项目为载体，生产、生活、生态相互融合的一个特定区域。

特色小镇是依赖某一特色产业和特色环境因素（如地域特色、生态特色、文化特色等）打造的具有明确产业定位、文化内涵、旅游特征和一定社区功能的综合开发项目。特色小镇集产业链、投资链、创新链、人才链和服务链于一体，产业定位应力求"特而强"，而非"大而全"，每个"特色小镇"都应有自己的主攻产业方向。特色小镇的"特"，主要指产业"特"，即高新服务业或传统经典产业中的某一行业乃至其中的某一环节。产业是特色小镇发展的生命力，特色是产业发展的竞争力。特色小镇的核心是特色产业，一般是新兴产业；特色小镇也是一个宜居宜业的大社区，既有现代化的办公环境，又有宜人的自然生态环境、丰富的人性化交流空间和高品质的公共服务设施。

根据《通知》，培育特色小镇要坚持突出特色，防止“千镇一面”和一哄而上；坚持深化改革，培育壮大新兴产业，打造创业创新新平台，发展新经济；坚持市场主导，政府重在搭建平台、提供服务，防止大包大揽，以产业发展为重点，依据产业发展确定建设规模，防止盲目造镇。特色小镇建设将秉持“政府引导、企业主体、市场化运作”的原则，打造一个高度产城融合的空间，并体现其特有的地域文化。

特色小镇应全面体现“特色”，除了特色产业以外，特色小镇的功能应具有一定的集聚度及和谐度，经济、社会和生态等功能之间协调发展，功能结构合理，公共服务功能均等化程度较高。在空间上也要体现明显的特色，建筑、开放空间、街道、绿化景观和整体环境都要体现相应的特色，具有较为统一和鲜明的风貌特征，城乡空间形态和环境质量协调发展，投资的空间环境品质较好。同时，应围绕特色小镇的发展目标，建立起与其发展相适应，设计能激励相应产业、资金和人才进驻的制度，以及保障特色小镇可持续发展的环境治理和收益共享的机制。

（二）旅游特色小镇的内涵

随着旅游产业发展，旅游特色小镇越来越受到国内外学者的高度关注。国外学者对旅游特色小镇的研究，最早起源于19世纪中期英国、法国、美国、澳大利亚等国家的乡村旅游，研究思路一般以某个典型旅游特色小镇为具体案例进行系统分析。比如，英国的巴斯小镇、温莎小镇、安尼克小镇、马奇温洛克小镇，法国的依云小镇、巴比松小镇、格拉斯小镇，德国的梅尔斯堡小镇，瑞士的因特拉肯小镇，新西兰的皇后镇，意大利的波西塔诺小镇，匈牙利的埃格尔小镇等。

社会经济的发展及时代特征促使特色小镇建设进入强效化推进和爆发式增长阶段，作为特色小镇的重要类型，旅游特色小镇具有独特的内涵特征与发展模式路径。研究者应在如何规划建设旅游特色小镇、促进城乡均衡发展、保持和开发旅游特色小镇的历史文化与原生态生活场景、分析旅游特色小镇当地居民和游客行为特征对小镇旅游产业发展等方面进行研究，提炼系统理论模型。旅游特色小镇是依托区位、自然资源、人文资源、特色产业、特色社区等优势发展旅游产业，并使之与其他相关产业、居住社区、其他旅游区（或风景区）发生交互关系的特定区域。

旅游特色小镇是指依托具有开发价值的旅游资源，提供旅游服务与产品，以旅游业、休闲产业为支撑，具有较大比例旅游人口的小城镇，是景区、休闲聚集区、城镇建设区三区合一的综合架构。旅游特色小镇以特色产业与旅游产业为主，产业引擎、旅游引擎、智慧化及互联网引擎相协调，以产业链整合架构、旅游目的地架构（景区）、城镇化架构为共同支撑。旅游特色小镇应形成以特色产业为引擎的泛产业聚集结构，特色小镇主要聚焦自身优势的特色产业；延伸产业链，形成“产业本身＋产业应用＋产业服务”的相关产业集群机构；以旅游为引擎的泛旅游产业聚集结构，以特色产业为基础，发展旅游产业；以旅游要素为内容，打造泛旅游产业集群结构。特色小镇与旅游特色小镇在产业、形态、规模等方面具有差异性，具体如表 3-1 所示：

表3-1　特色小镇与旅游特色小镇的内涵对比

项　目	特色小镇	旅游特色小镇
产业	发展优势和特色产业，涵盖范围广	旅游产业是优势和特色产业
形态	行政建制镇以及边界明确的空间等	小城镇、风景区或旅游区等
规模	根据产业规模而定	根据旅游发展规模而定
功能	综合性的复合功能载体	旅游及其他功能

旅游特色小镇应是融合风貌、文化、旅游等多元要素特色发展的新载体。注重对地域文化的挖掘与传承，将文化元素植入小镇的风貌建设的各个方面，指引建筑、街区、空间、环境等多维度的风貌建设，形成具有文化底蕴的特色风貌，增强文化认同感，同时促进特色旅游发展。旅游特色小镇要求具备一定的产业基础，旅游产业定位科学精准，在产业规模、市场份额和特色方面要具有明显的优势，能够发挥旅游产业的集聚效应和叠加效应。同时能够吸纳就业，带来可持续发展。

二、旅游特色小镇的类型

旅游特色小镇的“特”主要表现为以产业、生态、人文及功能为主要特色，不是所有乡镇都能打造成特色小镇。既然是特色小镇，就需要“小镇”有一定的特色资源。旅游特色小镇的打造应深入分析小镇的自然、生态、文化、景观、民俗等资源，尤其是深入挖掘文化和民俗方面，找到旅游特色小镇不同于其他项目的特质，以此为切入点，尽量避免与周边旅游项目开发的同质化竞争，避免“千镇一面”。旅游特色小镇是小城镇的一种重要类型，是指依附于某类具有开发价值的自然景观或人文景观，并以其为开发或旅游服务为主的小城镇。因此，旅游特色小镇在类型上，主要分为以产业特色为主、生态特色为主、人文特色为主及功能特色为主等几种类型。

（一）产业型旅游特色小镇

产业特色是小镇特色的重中之重。很多旅游特色小镇，无论是历史遗存的小镇还是新建小镇，都有各种各样的资源，如果对这些资源进行充分挖掘、合理嫁接，利用旅游带来的消费力，发挥其产业效应，对该项目乃至本地的经济发展往往有引爆作用。小镇建设不能“千镇一面”，即便主攻同一产业，也要差异定位、细分领域、错位发展，不能丧失独特性。每个着重发展新兴产业的特色小镇都是一个创新平台，促进了创新要素大量聚集，促进了产学研用协同创新，促进了科技金融紧密结合，促进了创新创业蓬勃发展。依托特色小镇集聚创新资源，激活创新要素，转化创新成果，最终实现产业发展从资源要素驱动发展向创新要素驱动发展转变。

旅游特色小镇以旅游业为基础和主导产业，特色小镇的产业定位突出“一镇一业”。产业过于分散，肯定形成不了特色。比如，有的地方环境好，有的地方渔业资源丰富，有的地方美食丰富等，这些可以通过旅游特色小镇为其提供平台功能，进行产业链的深化，形成产、供、销、研发一体化。而旅游特色小镇也通过特色产业形成自身特色的功能价值，在市场竞争中处于优势地位，强力支撑整个项目的可持续的发展。比如吴兴美妆小镇、嘉善巧克力甜蜜小镇、桐乡毛衫时尚小镇、玉环生态互联网家居小镇、平阳宠物小镇、安吉椅业小镇、温岭泵业智造小镇、东莞石龙小镇、信阳家居小镇、文港笔都工贸小镇、亭林巧克力小镇、吕巷水果小镇、王庆坨自行车小镇、秀全珠宝小镇等。

其中，平阳宠物小镇定位为国内知名宠物主题小镇，打造成为温州宠物用品研发制造基地、温州宠物主题文化时尚中心、南雁景区休闲旅游特色门户和北港片区新兴产城融合板块，分为三大功能区。一是结合游客接待中心、宠物文化博物馆、产业研发与公共服务中心和宠物为主的产业总部经济园的建设打造小镇的核心区；二是以宠物用品为主的产业核心制造基地，包括科创园、电商园、生产示范园，以及宠物用品小微创业园；三是以旅游和居住为主的综合服务性功能区块，包括宠物时尚主题乐园、特色旅游村、宠物用品商业街和综合商住区。

（二）生态型旅游特色小镇

以旅游主业，不断优化生态环境，发展绿色经济，探索创新“旅游+”休闲农业、文化娱乐、金融商务、生态保护、互联网等多种发展模式。旅游特色小镇建设必须坚持生态优先，坚守生态良好底线，根据地形地貌和生态条件做好整体规划、形象设计，硬件设施和软件建设都应当“一镇一风格”，充分体现“小镇味道”。培育特色旅游项目，促进旅游业与其他产业融合发展，努力打造宜居、宜业、宜乐的“智慧生态旅游”特色小镇。

既要“金山银山”，又要“绿水青山”。旅游特色小镇特别要重视生产和生态融合发展，做到特色小镇生态特色与产业特色、当地自然风貌相协调，打造的生态特色与小镇周边有显著区别，切不能发展了小镇经济，破坏了小镇环境。可实行“嵌入式开发”，借鉴乌镇等模式，保留原汁原味的自然风貌，建设有地方特色和优良生态的风情小镇。比如仙居神仙氧吧小镇、武义温泉小镇、宁海森林温泉小镇、乐清雁荡山月光小镇、临安红叶小镇、青田欧洲小镇、景宁畲乡小镇、杭州湾花田小镇、万宁水乡小镇、龙江碧野小镇、廊下田园小镇、莲麻乡情小镇、锦洞桃花小镇、联溪徒步小镇、丽江九色玫瑰小镇等。

其中，丽江九色玫瑰小镇位于云南省丽江市古城区七河镇金龙村，九色玫瑰小镇的名字起源于金龙村 422 户居民，一共包含了纳西族、白族等 9 个生活在这里的少数民族，他们的房屋用九种不同的颜色表示，艺术感十足。九色玫瑰小镇是美丽中国“双百”玫瑰园区（乡村）工程率先启动的项目，由云南丽江玫瑰小镇旅游开发有限公司投资开发，打造一个集旅游观光、生物加工、健康养老等多业态为一体的玫瑰生态全产业链项目。该小镇结合村内九个民族主题文化元素，分六个板块，投资约 5 亿元，集玫瑰种植、玫瑰产品研发生产、旅游观光、电子商务销售为一体。建成“玫瑰爱情主题小镇旅游生态圈”“玫瑰全产业链生态圈”“婚庆全产业链生态圈”“金融资本对接经济圈”“村域 + 区域联动经济圈”。

（三）人文型旅游特色小镇

文化与旅游的融合通过旅游特色小镇的载体使旅游价值从单纯观光型迈向体验度假型更高阶段，也使“死”文化通过旅游特色小镇的现代打造“活化”。文化是旅游特色小镇的深度与高度，是旅游特色小镇的底蕴，是开发运营的价值所在，文化特色是软实力，也是产业发展最终的生命力。每个特色小镇都要汇聚人文资源，形成人文标识。旅游特色小镇的文化又可以透过肌理结构、建筑风貌、民俗风情、生活习惯、传统工艺、商业业态等表现出来。文化挖掘就是要确定旅游特色小镇的地域背景、历史背景和文化主题，为小镇的打造寻找文化支撑，确定主题方向，寻找差异化优势和独特性内涵。比如，莲都古堰画乡小镇、越城黄酒小镇、龙泉青瓷小镇、湖州丝绸小镇、上虞围棋小镇、南浔善琏湖笔小镇、朱家尖禅意小镇、奉化布龙小镇、天台山和合小镇、古北水镇、平遥古城、茅台古镇、馆陶粮画小镇、石鼻古民居小镇、湘西边城小镇、三都赛马小镇、永年广府太极小镇、新兴禅城小镇等。

人文型旅游特色小镇并不是被动发展或是纯粹的“博物馆”，如茶叶、丝绸、黄酒等小镇。它们既挖掘千年历史文化积淀，延续历史文化根脉，传承工艺文化精髓，又引领该产业创新发展，为传统产业注入新活力。特别是要把文化基因植入产业发展、生态建设全过程，结合自身实际着力培育创新文化、保护非物质文化遗产、打造独特的山水文化，形成“人无我有”“人有我优”的区域特色文化。文化也是旅游特色小镇的核心吸引点所在，因此，在旅游特色小镇的打造中，文化点的选择和主题定位是第一步，也是至关重要的一步。

（四）功能型旅游特色小镇

旅游特色小镇是以特色文化而产生价值的社会经济空间，在这个“大如小城，小如街市”的空间内蕴含丰富的人文内涵，展现出某种地方居住形态和生活方式，同时，这种稀缺和特有的资源具备强势的旅游功能，由此带来自身发展并刺激区域经济的繁荣。从特色旅游产业小镇的打造而言，聚集了产业、文化、旅游和社区几大功能，这对传统开发模式的开发资本来说是极大的转型和既有商业模式的巨大转变，有代表性的包括体育、表演、高端制造、金融创新、时尚创意等功能型旅游特色小镇。比如，杭州玉皇山南基金小镇、梅山海洋金融小镇、富阳硅谷小镇、义乌丝路金融小镇、西湖西溪谷互联网金融小镇、拱墅运河财富小镇、余杭艺尚小镇、滨江创意小镇、西湖艺创小镇、江干丁兰智慧小镇、大江东巧客小镇、兰亭书法文化创意小镇、乐清蝴蝶文创小镇等。

有些小镇因产业有特色被称为特色小镇，旅游是这些特色小镇的附属功能，有的小镇则完全是以文化旅游为特色，成为小镇型综合旅游目的地。无论哪种小镇，都会遵循由“特色（产业）聚集—人流聚集—消费聚集—产业升级—特色创新—再聚集”这样的螺旋上升式发展结构。旅游特色小镇有物理空间边界，但没有产业合作边界，是各种高端要素集聚流动的开放小镇。要瞄准与产业定位相关的高端人才、高端资源和高端产品，运用现代信息手段，搭建创新交流平台、技术合作平台、品牌发布平台等，集成利用好各种高端要素，打通产业链、创新链、人才链，促进各种技术、资金、人才自由流动、高效利用。比如，杨宋中影基地小镇、宋庄艺术小镇、萧山机器人小镇、宁海智能汽车小镇、长兴新能源小镇、宁波江北膜幻动力小镇、嘉兴秀洲光伏小镇、海盐核电小镇、江山光谷小镇、新昌智能装备小镇、南浔智能电梯小镇等。

杭州玉皇山南基金小镇是一个类似于美国格林尼治基金小镇，凭借金融业列入首批浙江省特色小镇创建名单。玉皇山南基金小镇位于杭州市上城区玉皇山南，地处西湖世界文化遗产保护带的南端。车水马龙地，玉皇山脚下；背倚八卦田，南宋建筑群。这片南宋皇城根下的产业园，三面环山，一面临江，是千年皇城脚下的城中村，西湖边上的原住地。玉皇山南基金小镇核心区规划总占地面积 2.5 平方千米，总建筑面积约 30 万平方米。

杭州玉皇山南基金小镇是以美国格林尼治基金小镇为标杆，运用国际先进理念和运作模式，结合浙江省和杭州市的发展条件和区域特质所打造的集基金、文创和旅游三大功能为一体的特色小镇。基金小镇用“微城市”的理念打造园区，加快建设生活配套服务平台，在玉皇山南集聚区内，公共食堂、商务宾馆、停车场、配套超市等正在加快建设，有的已投入使用。基金小镇还将提供一系列特色配套服务，比如，引进由省金融业发展促进会组建和管理的“浙江省金融家俱乐部”，将创办成立“浙江金融博物馆”，成立对冲基金研究院，为小镇入驻私募机构提供专业化服务。一次设计将碎片化的基金小镇整合入微小镇生活圈，描绘着线上线下、工作生活紧密关联的小镇蓝图。

三、旅游特色小镇的特征

旅游特色小镇以旅游产业及旅游资源为基础，特色旅游资源是旅游小镇打造的前提；环境资源是特色小镇打造的重要依托；旅游资源如何转化为面向市场的核心吸引力是其核心指向；旅游特色小镇以旅游产业为引领，实现“产业 + 文化 + 旅游 + 社区”的四重功能；拥有完善的城镇及旅游配套设施及高品质的服务（包括旅游服务与公共服务），实现相互之间有机整合与融合。旅游特色小镇是按创新、协调、绿色、开放、共享发展理念，结合自身的发展特色，找准旅游产业定位，科学进行旅游规划，挖掘旅游产业特色、人文底蕴和生态禀赋，形成“产、城、人、文”四位一体有机结合的重要功能平台。旅游资源、旅游设施、旅游服务是旅游业赖以生存和发展的三大要素，也是旅游特色小镇打造的主要方面和重要特征。

（一）发挥旅游产业优势

产业选择决定小镇未来，必须紧扣产业升级趋势，锁定产业主攻方向，构筑产业创新高地，定位突出“独特”。特色是小镇的核心元素，产业特色是重中之重。找准特色、凸显特色、放大特色，是小镇建设的关键所在。特色小镇应是推动产业集聚、创新和升级的新平台。旅游产业定位应符合国家产业政策要求，注重采用新技术与新手段，通过旅游业推动传统产业改造升级。旅游产业优势明显，旅游目的地的旅游产品市场占有率和产品知名度高，旅游发展环境优良，有支持旅游产业发展的鼓励政策，旅游产业增长势头良好且经济社会带动作用明显。旅游特色小镇以旅游为主导产业，商业、农业、养老养生产业为泛旅游产业链条，采取从小规模旅游小镇到大规模片区旅游综合体的开发模式。

（二）挖掘特色旅游资源

通过旅游开发，传承独特的民俗活动、民间技艺、特色餐饮、民间戏曲等传统文化，保护文保单位、历史街区、传统建筑挂牌等物质文化遗存，有效彰显旅游小镇特色文化内涵。旅游特色小镇新建建筑能较好地表现本地区的建筑文化特色，沿街建筑立面的体量、色彩、材质、符号、细部协调统一，保留乡土特色和田园风光。政府支持传承人及非遗文化活动的持续开展，以挖掘特色旅游资源。文化传播具有独特的地域文化特质，宣传途径具有多样性。

旅游业的发展及可持续性是建立在本区域独特的自然资源和旅游资源的基础上，调整产业布局，引领发展的区域作为一个整体，优化资源配置，促进经济的全面发展。无论硬件设施，还是软件建设，要“一镇一风格”，多维展示地貌特色、建筑特色和生态特色。求精，不贪大。小，就是集约集成；小，就是精益求精。根据地形地貌，做好整体规划和形象设计，确定小镇风格，建设“高颜值”小镇。

（三）实现旅游发展成效

旅游特色小镇需具备一定的发展基础，能够在短期内见到成效，成为带动自身及周边地区发展的引擎，同时在发展路径、发展模式上能成为条件相似的小城镇发展的范例。旅游特色小镇区别于其他的特色小镇，它的主要特征在于实质上是以旅游为主导产业的小城镇，依托丰富的旅游资源，充分发挥旅游胜地的环境优势，从而形成独具特色的城镇。旅游特色小镇的关键在于旅游产业培育，特色小镇以“特色产业＋旅游产业”为主要发展模式。

其中，自身特色产业主要指新兴产业或传统经典产业，泛旅游产业主要是“旅游＋乡村”“旅游＋工业”“旅游＋健康”“旅游＋体育运动”“旅游＋教育”等。旅游特色小镇应是创新发展的引擎，并成为有示范作用的排头兵。功能叠加不是机械地“功能相加”，关键是功能融合，要深挖、延伸、融合产业功能、文化功能、旅游功能和社区功能，避免生搬硬套、牵强附会，真正产生叠加效应、推进融合发展。

（四）完善旅游动力保障机制

创建旅游特色小镇要选择动力有保障的小城镇，同时应发挥市场主体作用，吸纳社会资本投资的新热点。处理好政府与市场的关系，充分发挥市场主体作用，政府重在搭建平台、提供服务。有创新的发展理念与发展模式，符合自身发展规律。规划建设管理实现“多规合一”，设有专门的规划管理机构，健全制度，实现规划管理数字化。社会管理服务水平高，建有综合的办事大厅，基础行政管理适度下放。在机构人员、购买服务、财政收支、人才培养等方面有突破性创新。政府为旅游企业创业提供条件，让旅游特色小镇在提升社会投资效率、推动经济转型升级方面发挥更重要的作用。

四、旅游特色小镇建设背景

特色小镇建设是国家新农村建设、新型城镇化，在新时期、新常态下的新举措、新模式。旅游特色小镇是我国新型城镇化建设的有机组成部分，也是我国推进大中小城镇协调发展的有机组成部分。挖掘一些有潜力、有特色的小镇，通过旅游业的发展不仅可以带动经济的发展，也可以吸纳小镇周边一部分农村劳动力就业。党的十八大“新型城镇化”概念的提出，关于加速特色镇建设等政策的推进落实，国家“十三五”引导扶持小城镇发展成为特色镇规划的实施，为特色旅游小镇提供了新的发展机遇。

2016 年，我国接连出台相关政策，指导各地特色小镇建设工作。2016 年 2 月，国务院印发《关于深入推进新型城镇化建设的若干意见》(国发〔2016〕8 号)，提出“发展具有特色优势的休闲旅游、商贸物流、信息产业、先进制造、民俗文化传承、科技教育等魅力小镇”；7 月，《通知》提出，到 2020 年培育 1000 个左右各具特色、富有活力的休闲旅游、商贸物流、现代制造、教育科技、传统文化、美丽宜居等特色小镇，引领带动全国小城镇建设。

党的十六届三中全会在“五个统筹”发展观中，把“统筹城乡发展”放在第一位。城乡间的差距矛盾一直是我国经济发展的主要矛盾之一，改革开放后，乡镇企业的迅猛发展，尤其是沿海地区的乡镇企业的发展，极大地促进了小城镇的发展，根据小城镇和农村产业结构体系的协调化和合理化，为城乡有序发展在空间关联和重组的过程中提供了合理的布局模式。

全国各省区市已逐渐认识到特色小镇对新型城镇化、创新发展、旅游开发的带动作用，纷纷申报特色小镇建设，并制定相关发展政策推动旅游小城镇的发展。我国经历了世界历史上规模最大、速度最快的城镇化进程，城镇化成为整个经济社会发展的重要引擎。特色小镇开发所推动的城镇化，有助于缓解大城市人满为患、中小城市人气不足的现实矛盾，符合未来发展方向。

2016 年 10 月，我国住房城乡建设部公布了第一批中国特色小镇名单，进入名单的 127 个小镇，是在各地推荐的基础上，经专家复核，由国家发展改革委、财政部及住建部共同认定。其中，浙江省的特色小镇最多，有 8 个；山东省、江苏省、四川省分别有 7 个；广东省有 6 个；安徽省、福建省、湖北省、湖南省、贵州省、陕西省分别有 5 个；河北省、辽宁省、江西省、河南省、广西壮族自治区、重庆市分别有 4 个；北京市、上海市、山西省、内蒙古自治区、吉林省、黑龙江省、云南省、甘肃省、新疆维吾尔自治区分别有 3 个；天津市、海南省、西藏自治区、青海省、宁夏回族自治区分别有 2 个；新疆生产建设兵团 1 个。特色小镇主要集中在南部，尤其是长三角地区；中部特色小镇发展具备良好的产业基础；中西部少数民族地区后发优势明显，依托特色民族文化和优秀生态，易塑造特色小镇品牌。

各地也都出台了相应的政策和规划。以浙江、江苏等江南地区为代表，民宿经济发展成为特色小镇新的切入点，智慧旅游升级成为特色小镇新的亮点，绿色发展理念成为特色小镇新的支撑点，创新发展倡导成为特色小镇新的引爆点。2014 年，浙江省在原有小城镇发展的基础上，提出建设特色小镇的设想，并全面启动实施特色小镇培育工程。2015 年，浙江省人民政府明确提出要“加快规划建设一批特色小镇”“以新理念、新机制、新载体推进产业集聚、产业创新和产业升级”。之后，特色小镇便吸引了各方关注，成为浙江省“2015 年重点工作”之一，特色小镇曾多次被公开提及。浙江省人民政府明确了特色小镇规划建设的总体要求、创建程序、政策措施、组织领导等内容。在体制机制方面，鼓励支持特色小镇开展各类改革创新实验和试点，并成为改革实验区。

江苏省人民政府提出计划，通过“十三五”的努力，加大重点镇和特色镇的培育力度，拟到 2020 年全省形成 100 个左右富有活力的重点中心镇和 100 个左右地域特色鲜明的特色镇；山东省人民政府印发《关于开展“百镇建设示范行动”加快推进小城镇建设和发展的意见》，在实施扩权强镇、保障发展用地、适度扩大财权、加强资金扶持、优化机构设置等方面制定了创新性的优惠政策，鼓励特色产业镇，特色小镇频道开通，为首批特色小镇创建启动资金 1.1 亿元，用于支持特色小镇发展；甘肃省特色小镇创建工作全面启动，计划用 3 年重点建设 18 个特色小镇；河北省委、河北省人民政府出台《关于建设特色小镇的指导意见》，力争通过三至五年的努力，培育建设 100 个产业特色鲜明、人文气息浓厚、生态环境优美、多功能叠加融合、体制机制灵活的特色小镇。

同时，贵州省人民政府提出建设 100 个示范小城镇的战略，建设了一批旅游小镇、白酒小镇、茶叶小镇等各具特色的小城镇，制定了《贵州省 100 个示范小城镇全面小康统计监测工作实施办法》，建立了以镇为单位，全面小康统计监测指标体系，极大地促进了示范小城镇全面小康的进程；河南省人民政府推行《河南省科学推进新型城镇化三年行动计划》提出培育 60 个特色小城镇；北京市人民政府发布了《北京市“十三五”时期城乡一体化发展规划》，将统筹规划建设一批功能性特色小城镇，提高小城镇承载力，更好地对接非首都功能疏解，起到“桥头堡”作用；天津市计划到 2020 年将创建 10 个市级实力小镇、20 个市级特色小镇，在现代产业、民俗文化、生态旅游、商业贸易、自主创新等方面竞相展现特色，建设成“一镇一韵”“一镇一品”“一镇一特色”的实力小镇、特色小镇、花园小镇等。

城镇与农村居民点有着密切的联系，而不是大城市的缩小版或者某一地块的区划，它的总体规划与大中城市虽有一定的相似之处，但也有明显的区别。旅游特色小镇以旅游产业为核心，以旅游项目为载体，坚持生产、生活、生态相融合，协调发展，强化旅游产业支撑。文化是特色小镇的“内核”，每个特色小镇都要有文化标识，能够给人留下难忘的文化印象。要创新运作方式，坚持政府引导、企业主体、市场化运作，力争发展特色镇和重点镇，建立一批富有活力和魅力的特色小镇，改造和更新一般的小城镇，使大部分小城镇成为具备基本功能的生产生活服务中心，努力使小城镇承载能力、居住人口、镇容镇貌有较大幅度的提高，努力推动全国小城镇再迈上一个新台阶。

第四章　旅游特色小镇建设问题分析——以安徽省为例

一、安徽省旅游特色小镇建设中存在的问题

安徽省虽然开始特色小镇建设的时间不长，但十分重视旅游特色小镇的开发，在各级政府的领导下，通过各方力量的努力，如今旅游特色小镇建设已经初见成效，形成了一部分特色鲜明、环境优美、富有活力的旅游小镇。但是在旅游小镇建设过程中，因缺少经验，不可避免地出现了一些问题，制约了旅游特色小镇的发展。笔者通过重点调研合肥市三河古镇、六安市霍山县上土市温泉小镇、黄山市徽州区西溪南创意小镇、黄山市休宁县齐云旅游小镇、黄山市黄山区黟县宏村艺术小镇、黄山市黄山区太平湖运动休闲小镇、池州市青阳县朱备禅修小镇、阜阳市颍上县八里河旅游风情小镇、亳州市谯城区十河芍花养生小镇、阜阳市颍州区中原花都·芳香小镇这 10 个具有代表性的旅游特色小镇，发现这些旅游特色小镇在建设过程中存在一些典型的共性问题，所以本章结合具体旅游特色小镇的案例，总结分析安徽省旅游特色小镇建设中存在的共性问题。

（一）政府行政职能定位发生错位

在旅游特色小镇的建设中，政府所起到的应该是引导、服务、管理作用，建设主体应该是企业，但是政府大包大揽，在职能转变的过程中未能很好地定位自己的角色。在很多旅游特色小镇的建设中，地方政府依然停留在旧的经济体制下，仍是政府单一主导，干预较多，缺少市场在旅游特色小镇建设中运作，未能充分发挥市场在资源配置中的作用。因为政府习惯于全权处理地方的发展问题，在某些旅游特色小镇建设过程中，政府投入大量资金，导致政府综合负债率过高，拉升了地方经济发展的风险。政府应该发挥“服务型”政府职能，履行引导者责任，尽可能引入企业作为旅游特色小镇的主要投资运营商，充分发挥市场的作用，而不是自己举债建设。

旅游特色小镇的建设要求政府做好规划定位、顶层设计，但在旅游小镇建设前期，政府没有做好规划设计工作，不重视旅游特色小镇建设的整体规划，缺少审核监控，导致旅游特色小镇的整体布局缺少特色、同质化严重，严重影响旅游特色小镇日后的持续发展。在旅游特色小镇的建设中，许多地区采用PPP模式[①]，与社会企业合作，但在这个过程中，政府没有起到监管作用，因为政府定位不清，在与社会资本的合作中容易造成责任的越位和缺位，给旅游特色小镇的建设和运营带来麻烦，在双方的责任拉扯中，容易给小镇发展造成不必要的损失。[②]

在皖中某古镇的建设过程中，政府过于大包大揽，忽视了企业和其他社会团体在某古镇建设中的作用，导致古镇运营模式和平台的建立缺少市场的参与。当地村民委员会等组织在建设特色小镇的认识上，仍然是老一套的改房屋、修道路、建设仿古商业街，缺少特色旅游产业和项目的建设，过于同质化的商业古镇难以二次吸引游客。某镇政府也没有出台相关的招商引资政策，导致某古镇缺乏可持续发展的资金。如古镇的建设只有一个大企业参与，剩下的都是当地民营小商铺，将导致整个小镇的建设不仅过于死板、缺少创新性，不能紧跟时代的发展步伐，还缺少资金和人才开发别具一格的特色旅游项目。在这样的情况下，如果某镇政府的后续投资跟不上，某古镇的建设和发展就可能会停滞，再加上当地镇政府缺少对市场投资运营方面的研究，没有做好长期的规划，会导致某古镇在后续的维护和开发上遇到很大困难。

（二）旅游特色小镇特色定位不清

安徽省从2017年开始大力推进特色小镇的建设，但是因为这是个新的概念，所以很多地区对特色小镇尤其是旅游特色小镇的理解不到位、定位不清，导致旅游特色小镇市场竞争力不强，不能充分发挥其带动作用。旅游特色小镇的重点是“特”，但是安徽很多旅游特色小镇并没有通过合理的调研来分析自身的发展道路，而是照搬其他旅游特色小镇的方案，导致全省范围内出现了很多旅游特色小镇定位相似的情况。许多旅游特色小镇套用其他小镇的模式，打造火爆的旅游项目，只想着短期内吸引游客，造成了“千城一面”的同质化发展，反而将旅游特色小镇本身的“特”湮灭了。[③]

皖南的旅游特色小镇大都找准了定位，立足于自身的特色进行建设和发展，如

① PPP模式：PPP（Public-Prirate Partnership），即政府和社会资本合作，是公共基础设施中的一种项目运作模式。

② 费若怡．地方政府在特色小镇建设中作用研究[D].南京：南京工业大学，2018.

③ 蒋卓晔．特色小镇不能没有“特色”[J].人民论坛，2019（1）：112-113.

池州市青阳县朱备禅修小镇依托九华山佛文化发展旅游，黄山市休宁县齐云旅游小镇基于道教养生文化发展养生旅游，黄山市黟县宏村艺术小镇是以艺术为切点建设的特色小镇，这些成功的旅游特色小镇都是找准了自己的定位，确定了自身特色，找到了适合自己的发展道路。但是皖北的一些旅游特色小镇只是照搬了成功旅游特色小镇的建设方案，只学到了形，没有学到神。例如，阜阳市某旅游风情小镇学习成功特色旅游小镇的经验，打造了一个环境优美、设施齐全的旅游风景区，但它将动物园、游乐场、各国标识建筑群等热门项目简单地融合在一起，完全没有考虑到自身情况和特色。皖北气候较干燥，当地有悠久的历史及充满特色的皖北民居，该旅游小镇本可以依托皖北风情，打造仅属于阜阳市的特色旅游，但其盲目跟风，只是单纯地将江浙的热点旅游项目照搬到旅游小镇，在建设旅游小镇项目的过程中，完全没有考虑到当地的实际情况，这样的做法导致整个旅游风情小镇缺少灵魂。一个旅游特色小镇没有当地特色，不能体现当地的独特美，会造成和其他旅游小镇的同质化，失去在旅游市场中的竞争力。同样属于皖北的阜阳颍州区中原花都·芳香小镇和亳州市谯城区十河芍花养生小镇都以花为特色，但是为何十河芍花养生小镇的花卉旅游发展得如火如荼，芳香小镇却无甚起色？一是两者是邻市同质化旅游特色小镇，发展会受到影响，更重要的原因是十河芍花养生小镇已经确立了自身的定位和特色，立足于芍花种植与皖北特色乡土文化，打造综合性特色乡村旅游综合体，而芳香小镇却未找准自己的定位。

（三）旅游特色小镇建设布局不合理

安徽省在近两年大力推进旅游特色小镇的建设，由于时间短、速度过快，没有统筹设计安排全省范围内旅游特色小镇的分布，导致旅游特色小镇建设呈现不平衡状态。安徽省第一批、第二批特色小镇中，皖北的旅游特色小镇只有亳州市谯城区十河芍花养生小镇、阜阳市颍上县八里河旅游风情小镇及宿州市砀山县酥梨小镇；皖中有六安市霍山县石斛小镇、六安市霍山县上土市温泉小镇及淮南市寿县八公山豆腐小镇在内的几个旅游特色小镇；而皖南的旅游特色小镇占了全省的七成，仅黄山市就有10个旅游特色小镇。安徽省入选首批全国乡村旅游重点村的12个村中，皖南占据了10个名额，包括了黄山、滁州、宣城、安庆的旅游特色小镇，而皖中和皖北都只各占1个，分别是合肥市巢湖市半汤街道汤山村和宿州市砀山县良梨镇良梨村。旅游特色小镇在安徽省的布局出现了严重的失调。

安徽省不同地域由于区位条件、自然环境方面的差别，在人口规模、经济水平、风土人情、旅游资源和文化底蕴方面有着明显的南北差异。安徽省的旅游特色小镇有七成分布在皖南，皖中和皖北有悠久的历史，却没有充分利用自身条件，导致旅游特色小镇建设落后，而皖南地区在原有基础上，充分利用发展条件建设旅游特色小镇，吸引了更多的资本投入建设。这种差异会引发“马太效应”，大量资本会投入基础较好的皖南旅游特色小镇，使之实现了良性发展，而皖中和皖北缺少投资，旅游特色小镇建设更加困难，形成恶性循环。这样不合理的旅游特色小镇分布不利于安徽省整体的旅游特色小镇建设，极易造成资源分布不均，影响安徽省旅游的和谐平衡发展，过多的旅游特色小镇集中在皖南，也容易造成旅游小镇同质化，引发相近区域恶性竞争。

（四）旅游特色小镇服务体系不健全

安徽省旅游特色小镇建设缺少完善的公共服务体系。如今，安徽省的特色小镇建设已基本覆盖了通畅便捷的道路，但干净整洁的公共厕所和方便的咨询维权处等能提高游客体验感的公共设施建设却一直滞后。例如，皖西山区的陡沙河温泉小镇地处山区，位置偏远，所以游客需要坐车通过大别山旅游通道，在这条山路上会有一些景点，但是配套的公共厕所缺乏管理，不够干净整洁，周围景点也没有专门的咨询处，当游客遇到问题，无人可求助，这些不完善的公共服务设施严重降低了游客对温泉小镇的评价，难以吸引游客二次观光。

安徽省旅游特色小镇建设缺少完善的政策体系。从 2016 年开始，国家和安徽省出台了很多的政策和文件支持特色小镇的建设，有些市级政府也出台相应的文件来扶持当地特色小镇建设，但这些政策都是宏观的要求，并没有就小镇建设的具体方面提出要求，更是缺少专门针对建设旅游特色小镇的政策法规。在旅游特色小镇建设的过程中，很多细节缺少政策的机制或者约束，如缺少针对 PPP 模式下旅游特色小镇项目运营的法律法规；地方政府也没有准确理解上级的政策，不清楚哪些政策、要求是适合当地的，哪些是可以为旅游特色小镇建设带去好处的[①]。

完善的政策体系是旅游特色小镇稳定发展的保障，强力合理的政策可以帮助旅游特色小镇突破建设的“瓶颈”，所以安徽省地方政府缺少专门针对旅游特色小镇建设的政策，缺少从规划、土地、资金、人才等方面制订的细致措施。

安徽省旅游特色小镇建设缺少监管体系。从旅游特色小镇的建设初期开始，资金的使用是否合法、政府的作为是否合规，企业的建设是否合理都没有专门的监管。旅游特色小镇建设意味着大量的资金投入，但安徽省却没有完善的监管体系来监察资金使用是否合理、是否到位，没有建立专门的监察机构。比如，在合肥市三河古镇的建设过程中，政府既是政策的制定者、执行者，还是政策的监督者，这显然是不合理的，政府必须要建立一个完善的监管体系来保障小镇的建设全程，可以引入社会监督，建立专门的旅游特色小镇建设监管机构，让政府、企业、人民群众互相监督，形成一个多方面、多维度的监察体系。

---

① 张蔚文．政府与建设特色小镇：定位、到位与补位[J]．浙江社会科学，2016（3）：43.

（五）旅游特色小镇品牌宣传薄弱

安徽省旅游特色小镇建设中缺少品牌规划。旅游特色小镇建设过程中仅仅是开发特色旅游产业，挖掘特色旅游产品，不注重旅游衍生产品的营销和品牌的塑造，忽视对经典老字号的开发，对有价值的传统文化及传统工艺开发力度弱，浪费了特色小镇的特色产品能带来的效益。比如，徽墨歙砚宣纸拥有得天独厚的品牌包装优势，但是并没有足够的营销和规划，导致没有形成特色产业品牌优势，浪费了其价值。一个知名的品牌对当地旅游的推广有巨大的推动作用，通过营销对特色旅游产业重新进行品牌规划，重视对特色旅游产品知识产权的保护，对有潜力的老字号、历史文化、传统工艺加大开发力度，整体规划旅游特色小镇上的产业，打造特色小镇品牌体系是必不可少的，最终培育出有生命力的特色小镇品牌力量，打响名气，以带动旅游特色小镇经济发展。

安徽省对旅游特色小镇推广宣传不到位。许多特色小镇官方微博、微信公众服务号上有关旅游小镇建设的动态更新不及时，没有充分发挥自媒体的宣传作用，反而将自媒体运营当成一项任务。有些旅游特色小镇的“特”和其他特色小镇是一样的，而通过宣传推广塑造特色品牌是将自身与其他旅游特色小镇区别开的重要手段，但是很多旅游特色小镇宣传不到位，成了其他旅游小镇的陪衬。比如，陡沙河温泉小镇以温泉为特色，但安徽省以温泉著称的小镇不在少数，虽然陡沙河融合了温泉、养身、户外三大特点，但在知名度上不及同为安徽省的庐江温泉，也不及同地区的岳西温泉，在如此严峻的情况下，上土市镇政府并没有设立专门的陡沙河温泉小镇旅游网站，展示古镇的历史、人文。虽然政府和电视台合作对温泉小镇进行了宣传，但宣传手段较为单一，在新媒体方面的宣传较少，不能在目标游客群众中形成巨大的宣传效应。对初次建设特色小镇的地方来说，如何进行全面有效的宣传的确是一个不小的考验。

安徽省旅游特色小镇缺少专业人才。旅游特色小镇的建设和运营，都需要大量的专业人才，但在如今的旅游特色小镇发展中，中高端人才严重不足，有大量的宣传运营和市场专业人才需求缺口，地方政府对人才引进、人才培养不够重视。旅游文化类特色小镇缺少大量宣传运营人才，地方政府还没有做足准备工作，旅游特色小镇的市场化运营团队和宣传团队也还没有规范。对比浙江省成熟特色小镇，安徽省旅游特色小镇的人才引进政策不够成熟，差距较大，劣势比较明显。政府需要依据目前建设现状，大力引进专业人才，推进人才体系的建设，为旅游特色小镇的发展奠定人才基础，进而提高旅游特色小镇的竞争力。

二、安徽省建设旅游特色小镇的保障政策

（一）国家政策

2016年7月1日，中华人民共和国住房和城乡建设部、国家发展和改革委员会、财政部三部委为贯彻党中央、国务院关于推进特色小镇、小城镇建设的精神，落实“十三五”规划中关于加快发展特色镇的要求，决定在全国范围开展特色小镇培育工作，住房城乡建设部、国家发展改革委、财政部发布了《通知》。这份文件吹响了特色小镇在全国范围内建设的号角，在三部委出台《通知》之前，特色小镇只在小范围内如火如荼地进行试点建设。浙江省的试点特色小镇取得了瞩目的成绩，它们的产业鲜明、环境宜居、文化有特色、设施完善，带动了当地的产业经济，提高了居民的生活水平，盘活了地域发展。

全国各省区市都积极履行《通知》上的要求，坚持突出特色，坚持市场主导，坚持深化改革，大力发展建设特色小镇，在近几年虽取得了一些成效，但在发展过程中仍有许多地区存在问题，所以国家发展和改革委员会、国土资源部、环境保护部等在2017年12月4日发布了《关于规范推进特色小镇和特色小城镇建设的若干意见》，以此规范各地区特色小镇和小城镇建设，减少建设小镇过程中不必要的风险。

在三部委的《通知》中提到了国家会对特色小镇发展进行资金支持，其中国家发展改革委等有关部门会支持符合条件的特色小镇建设项目申请专项建设基金；中央财政资金也将会对工作开展较好的特色小镇给予适当奖励。于是在2016年10月8日，国家发展改革委发布了《关于加快美丽特色小（城）镇建设的指导意见》（发改规划〔2016〕2125号），不仅总结推广浙江等地特色小镇发展模式，还表示将加强统筹协调，加大项目、资金、政策等的支持力度。这应当是改革开放以来，中央财政资金第一次比较系统地对小城镇建设给予支持，具有强烈的导向意义，说明中央相关部门确实十分重视特色小镇的建设工作。除了国家出台了资金方面的政策支持特色小镇的建设外，银行方面也针对特色小镇的建设发布了相关支持性政策，其中中国农业发展银行响应最早，在2015年年底就推出了特色小城镇建设专项信贷产品。住房城乡建设部、中国农业发展银行在2016年10月共同发布了《关于推进政策性金融支持小城镇建设的通知》（建村〔2016〕220号），进一步以文件明确银行方面对特色小镇建设的资金支持。

住房城乡建设部、国家发展改革委、财政部不仅组织领导特色小镇的培育工作，也负责组织开展全国特色小镇培育工作，明确培育要求，制定政策措施，开展指导

检查，公布特色小镇名单，也出台相关政策来保障特色小镇的发展建设。一个小镇的建设发展离不开资金的支持，国家在提出全国范围内开展特色小镇培育工作后，没有让发展口号成为空想，而是迅速出台相关资金支持文件。从政府出台的各项与资金相关的政策可以看出，国家非常重视特色小镇建设。中央财政资金第一次对小城镇建设提供资金支持，政府和银行共同出台文件保障小镇建设资金需求，这些都为全国各地特色小镇建设打下一针强心剂。

（二）安徽省政策

安徽省人民政府积极响应国家出台的关于特色小镇培育的工作的通知，安徽省住房和城乡建设厅、安徽省发展和改革委员会、安徽省财政厅于 2016 年 8 月 8 日，结合本省实际情况就开展特色小镇培育工作发布了相关指导意见。安徽省人民政府于 2017 年 7 月 20 日发布《关于加快推进特色小镇建设的意见》（皖政〔2017〕97 号），提出了安徽省的建设目标为："到 2021 年，培育和规划建设 80 个左右省级特色小镇，重点打造一批特色小镇样板，形成示范效应。"政府为全省范围内的特色小镇建设给予政策支持，加大资金扶持力度。

安徽省财政厅、安徽省发展和改革委员会于 2017 年 11 月 17 日印发了《安徽省特色小镇建设专项资金管理办法》（财建〔2017〕1496 号），要求全省各市县严格认真贯彻执行，充分发挥财政资金的引导放大作用。该文件规定了安徽省专项资金采取"借转补"为主、"以奖代补"为辅的方式进行分配，对安徽省特色小镇建设专项资金的支持范围及方式、申报及分配、使用、绩效及监管等方面都做了详细清楚的说明，力求将省财政为省内特色小镇发展安排的资金用到实处。

2017 年 12 月 22 日，安徽省文化厅印发《关于支持文化类特色小镇建设的实施意见》，要求各市县文化行政管理部门积极参与特色小镇建设，提出运用"文化 +"的动力和路径，培育和建设一批文化类特色小镇，重点指出要重视传统特色文化的传承和发展，推动历史文化资源的保护，支持文化产业的发展。文化类特色小镇具有鲜明的文化标识，该文件明确了各级部门需要做到的保障措施，包括规划、人才、宣传各个方面，将培育和建设文化类特色小镇工作列入年度文化工作考核目标，力求充分发挥文化在特色小镇发展中不可替代的重要作用。

（三）市县政策

随着特色小镇建设在安徽省内的推进发展，许多市县结合自身实际情况出台了相应的政策来保障当地特色小镇的建设。

合肥市发展和改革委员会、合肥市财政局于 2017 年 12 月 29 日发布了《合肥市特色小镇专项资金管理办法》，为保障市级特色小镇发展，设立市级特色小镇专项资金，由市财政统筹安排，明确专项资金申报及分配、使用、绩效及监管各方面的内容，要求各县（市）区发展和改革委员会、财政局及开发区经贸局贯彻执行该通知，在市委市政府的统筹规划下，充分发挥财政资金的引导作用，推进本地区特色小镇发展。

淮南市人民政府办公室于 2018 年 9 月 30 日印发了《淮南市支持特色小镇发展若干政策》（淮府办〔2018〕64 号）。新规定针对特色小镇建设，从多方面进行了规划，又从资金、土地、创新、投资、人才等多方面出台了支持政策，要求各县、区人民政府，市政府各部门、各直属机构认真执行，扶持助力淮南市特色小镇发展。淮南市正处于产业转型的重要阶段，特色小镇的发展可以带动淮南的经济增长，产业升级转型，淮南市政府想要抓住这次机会，从资金、土地方面保障特色小镇的建设，鼓励其进行改革创新，并重视市场和人才的作用，全面保障淮南地区特色小镇建设。

怀宁县人民政府办公室于 2017 年 12 月 31 日印发了《怀宁县石牌戏曲文化特色小镇促进文化产业发展政策》（怀政办发〔2017〕31 号）文件。怀宁县为促进全县文化产业发展，全力推进石牌戏曲文化特色小镇建设，结合了当地实际情况，制订了相应的扶持计划。从推动文化与创意融合、推动特色产业发展、推动文化与旅游结合、推动文化交流四个方面制订了详细的计划，明确了怀宁县文化特色小镇的发展方向和发展路径。

黄山市人民政府办公厅于 2018 年 4 月 19 日印发了《2018 年黄山市特色小镇建设工作要点》（黄政办秘〔2018〕52 号）的通知，要求在全年完成投资 50 亿元，推进小镇招商，新培育市级特色小镇 8 个左右，力争新增国家和省级特色小镇 3 个以上，加快特色小镇的重点项目建设及小镇规划体系的完善，加快徽州区西溪南创意小镇、休宁县齐云旅游小镇、黄山区太平湖运动休闲小镇 3 个省级旅游特色小镇的建设。黄山市政府从政策、规划机制、招商投资和品牌宣传推介等多方面对特色小镇的建设提出了要求，力保黄山市旅游特色小镇建设走在全省前列。

（四）政策小结

特色小镇可以就地发展小城镇经济文化，将创新性供给与个性化需求有效对接，打造创新创业发展新平台，打破地域发展限制，为当地甚至全国带去新的发展活力。国家和安徽省、市县方面都出台了相关的政策来保障特色小镇的建设。

表4-1　保障特色小镇建设政策汇总表

政策主体	发布时间	政策名称	保障措施
住房城乡建设部、国家发展改革委、财政部	2016年7月	《通知》	行政支持，在全国范围内推动特色小镇的建设
国家发展改革委	2016年10月	《关于加快美丽特色小（城）镇建设的指导意见》	行政资金支持，加大了对特色小镇项目、资金、政策等的支持力度
住房城乡建设部、中国农业发展银行	2016年10月	《关于推进政策性金融支持小城镇建设的通知》	资金支持，为特色小镇投资融资提供金融支持
安徽省人民政府	2017年7月	《关于加快推进特色小镇建设的意见》	行政支持，在全省范围内推动特色小镇的建设
安徽省财政厅、安徽省发展和改革委员会	2017年11月	《安徽省特色小镇建设专项资金管理办法》	资金支持，为省内特色小镇建设提供专项资金
安徽省文化厅	2017年12月	《关于支持文化类特色小镇建设的实施意见》	行政支持，明确特色小镇文化建设的重点和要求
合肥市发展和改革委员会、合肥市财政局	2017年12月	《合肥市特色小镇专项资金管理办法》	资金支持，设立市级特色小镇专项资金，明确专项资金的申报及分配、使用、绩效及监管
淮南市人民政府办公室	2018年9月	《淮南市支持特色小镇发展若干政策》	行政支持，从资金、土地、创新、投资、人才等多方面提供行政支持，保障特色小镇建设
怀宁县人民政府办公室	2017年12月	《怀宁县石牌戏曲文化特色小镇促进文化产业发展政策》	行政支持，明确了怀宁县文化发展方向，制订多方面的计划推动当地文化发展
黄山市人民政府办公厅	2018年4月	《2018年黄山市特色小镇建设工作要点》	行政支持，从政策、规划机制、招商投资和品牌宣传推介等多方面对特色小镇的建设提出了要求

从表4-1中可以看出，安徽省旅游特色小镇的建设有着各层面的政策支持，为了适应各地的发展现状，许多地方出台了相应的政策来保障当地旅游特色小镇的发展。安徽省旅游特色小镇的建设有一个从国家到省的整体政策保障，但是因为各地有自己的特色，所以市县出台了特色保障政策，让旅游特色小镇的建设既有总体的指导，也有局部的规划，为其提供全面的政策保障。

三、安徽省建设旅游特色小镇采取的措施

安徽省目前共有 50 个省级特色小镇，其中旅游特色小镇约 25 个，表 4-2 为目前公布的省级特色小镇名单。

表4-2　安徽省第一批、第二批省级特色小镇名单

第一批省级特色小镇（25 个）	第二批省级特色小镇（25 个）
1. 合肥市合巢经开区三瓜公社电商小镇	1. 合肥市高新区中安创谷科创小镇
2. 合肥市包河区滨湖金融小镇	2. 芜湖市弋江区滨江松鼠小镇
3. 芜湖市无为县高沟电缆小镇	3. 芜湖市南陵县大浦我家农场小镇
4. 黄山市徽州区西溪南创意小镇	4. 安庆市岳西县中关村筑梦小镇
5. 六安市霍山县上土市温泉小镇	5. 宣城市宣州区水东甜蜜小镇
6. 滁州市天长市冶山玩具小镇	6. 六安市金寨县天堂寨旅游电商小镇
7. 宣城市泾县中国宣纸小镇	7. 池州市石台县富硒氧吧小镇
8. 安庆市怀宁县石牌戏曲文化小镇	8. 阜阳市颍上县八里河旅游风情小镇
9. 安庆市潜山县源潭刷业小镇	9. 滁州市凤阳县小岗农创小镇
10. 黄山市休宁县齐云旅游小镇	10. 安庆市太湖县寺前禅文小镇
11. 芜湖市芜湖县六郎殷港艺创小镇	11. 淮北市相山区芳香小镇
12. 淮北市烈山区石榴小镇	12. 宿州市泗县运河小镇
13. 黄山市黄山区太平湖运动休闲小镇	13. 芜湖市芜湖县航空小镇
14. 宣城市旌德县灵芝健康小镇	14. 六安市霍山县石斛小镇
15. 池州市东至县尧渡袜业小镇	15. 黄山市黟县宏村艺术小镇
16. 宣城市绩溪县雕刻时光小镇	16. 黄山市歙县深渡山水画廊小镇
17. 蚌埠市怀远县上谷农贸小镇	17. 亳州市谯城区古井白酒小镇
18. 池州市青阳县朱备禅修小镇	18. 宣城市广德县汽车检测小镇
19. 宿州市砀山县酥梨小镇	19. 黄山市经开区徽艺小镇
20. 阜阳市颍州区中原花都·芳香小镇	20. 亳州市涡阳县义门中药养生小镇
21. 铜陵市经开区铜都创新小镇	21. 铜陵市铜官区西湖铜艺小镇
22. 马鞍山市和县香泉小镇	22. 宿州市高新区数字小镇
23. 蚌埠市蚌山区国际足球小镇	23. 安庆市中国桐城文学小镇
24. 亳州市谯城区十河芍花养生小镇	24. 池州市青阳县九华运动休闲小镇
25. 淮南市寿县八公山豆腐小镇	25. 滁州市南谯区琅琊山仙居谷养生小镇

其中具有代表性的旅游特色小镇有黄山市徽州区西溪南创意小镇、六安市霍山县上土市温泉小镇、黄山市休宁县齐云旅游小镇、阜阳市颍上县八里河旅游风情小镇（原名为八里河湿地旅游风情小镇）、池州市青阳县朱备禅修小镇、黄山市黟县宏村艺术小镇、黄山市歙县深渡山水画廊小镇等。还有部分小镇虽然不是旅游性特色小

镇，但是积极发展旅游产业，以旅游为发展方向，想要实现旅游带动其他产业，如黄山市黄山区太平湖运动休闲小镇、安庆市怀宁县石牌戏曲文化小镇、亳州市谯城区十河芍花养生小镇、池州市青阳县九华运动休闲小镇、滁州市南谯区琅琊山仙居谷养生小镇等。通过调研，笔者发现，为了推动这些旅游特色小镇的发展，安徽省各级人民政府采取了多样的措施来保障旅游小镇的建设和运营，主要有以下四项措施。

（一）完善投资融资方式

安徽省和各市财政都设立了特色小镇专项资金用于支持省内特色小镇发展，专项资金按照“竞争择优、突出重点，因地制宜、引导带动，统筹支持、注重绩效”的原则进行分配和管理，对获得优秀、良好的小镇，采取“以奖代补”方式给予一定奖励。旅游特色小镇的建设发展不是政府单方面的行为，而是多方面的通力合作，市场在其中起到了不可或缺的作用，因而特色小镇的建设需要市场和政府的共同资金支持。

旅游特色小镇成为新的市场关注点，安徽省承接长三角，受到苏浙沪的经济辐射，地理位置优越，有天然的发展旅游特色小镇的市场优势，许多国内知名大企业、大机构参与安徽省旅游特色小镇建设意愿较强。

黄山市位于皖南，拥有浓郁的徽文化底蕴，旅游资源丰富，有天然的发展旅游特色小镇的基础。黄山市首批 12 个特色小镇基本都是文化旅游特色小镇，黄山市充分利用当地文旅优势，大力招商引资，寻求与知名机构的合作。黄山市政府在财政支持的基础上大力支持创新投资融资方式，结合本地区特点，因地制宜地创新旅游特色小镇专项资金管理，积极争取民间资本、产业基金等支持。政府除了加大对旅游特色小镇重点项目的资金支持，为其提供信贷和融资指导，还鼓励设立旅游小镇建设基金，通过政府背书，吸引多方资本投入基金用于旅游特色小镇建设，并加大招商投资力度，通过吸引社会资本，由企业主导建设，保障旅游特色小镇建设的资金需求。①

黄山市大力推进旅游特色小镇招商，专门研究制定旅游特色小镇招商引资指导意见，要求地方出台旅游特色小镇专项招商政策，组建旅游特色小镇招商小分队。黄山市围绕小镇特色旅游产业和基础设施建设，谋划包装一批招商项目，并对招商活动提出了具体的要求，如招商必须聚焦重点区域、重点产业，市级每个季度都需要举办一场特色小镇专场招商推介会，每个旅游特色小镇一年要开展 2 场以上专题招商活动。

黄山市 2020 年主要目标是首批 12 个市级特色小镇一半以上达到验收标准，第二批 14 个市级特色小镇（含 6 个培育类）全面启动创建，力争全年完成投资 60 亿元，新增省级以上特色小镇 1 个，确保特色小镇建设继续走在全省前列。表 4-3 为 2020 年黄山市特色小镇重点项目投资计划表。

① 刘婕．PPP 模式在特色小镇中的应用研究 [D]. 北京：中国财政科学研究院，2018.

表4-3　2020年黄山市特色小镇重点项目投资计划表

小镇	项目个数	总投资／万元	2020 计划投资／万元
屯溪区	16	360800	87000
黎阳休闲小镇	7	186800	44000
弈棋机电小镇	9	174000	43000
黄山区	12	146800	42900
太平湖运动休闲小镇	3	72900	9000
谭家桥知青小镇	4	63000	27000
新明猴魁小镇	5	10900	6900
徽州区	20	916765	103676
西溪南创意小镇	6	60076	28076
潜口养生小镇	10	788389	62800
呈坎研学小镇	4	68300	12800
歙县	13	219700	62700
深渡山水画廊小镇	9	91000	39500
三阳清凉小镇	1	65000	15000
桂林网球小镇	1	50000	2000
许村文化创艺小镇	2	13700	6200
休宁县	11	627302	36772
齐云旅游小镇	5	10060	5930
徽语茶养小镇	1	600000	20000
溪口汽配小镇	5	17242	10842
祁门县	12	111930	25000
平里祁红小镇	10	25400	14300
新安康养小镇	2	86530	10700
黟县	16	473850	101700
宏村艺术小镇	6	85850	26600
西递遗产小镇	5	137000	37000
古黟漫居小镇	3	70000	22000
关麓书香小镇	2	181000	16100

续　表

小镇	项目个数	总投资 / 万元	2020 计划投资 / 万元
黄山高新技术产业开发区	9	717530	73538
黄山徽艺小镇	8	217530	57538
黄山数字小镇	1	500000	16000
黄山现代服务业产业园	8	279000	69000
黄山文创小镇	8	279000	69000
合计	117	3853677	602286

（二）明确“文化＋旅游”方向

安徽省十分重视文化的内在力量，特色的文化能够推动旅游的发展，旅游的发展能为文化的维护提供资金，文化本身也是旅游的重要资源，两者不可分割。安徽省有丰富的文化资源，安徽文化由四个文化圈组成，分别为徽州文化、淮河文化、皖江文化、庐州文化。不同地区的文化各有差别，为了保持各地文化的差异性，安徽省文化建设的重点是保护文化的“特”。安徽省在旅游小镇的建设过程中，明确了“文化＋旅游”特色小镇发展方向。在安徽省文化厅印发的《关于支持文化类特色小镇建设的实施意见》指导下，安徽省“文化＋”特色小镇的发展重视区域文化和特色小镇的协调，并在此基础上要求各地加大保护历史文化资源的力度。

历史是文化旅游特色小镇发展的基础和精神所在，皖中的三河古镇历史悠久，当地政府在保护传统村落、历史建筑、文物遗址的基础上，不断地挖掘修缮历史文化资源，鼓励建设特色文化历史博物馆及相应的各种体现历史的特色主题展览，使特色小镇的文化发展传承有了物质基础，增加了特色小镇的历史厚重感、优化其人文环境，提高了特色小镇的文化竞争力。皖南黄山地区特色小镇拥有丰富的旅游资源和徽文化底蕴，但是经济基础普遍薄弱，所以黄山地区的旅游特色小镇充分发挥自身旅游文化先天优势，大力发展旅游业，“文化＋”和“旅游＋”双线并进，大力推动特色小镇建设，将徽文化作为“特”，打造黄山特色小镇旅游名片，大力保护古建筑群和徽派建筑群，重视对历史渊源的挖掘保护。

安徽省历史文化悠久，为了突出各小镇文化的“特”，政府大力支持各地在自身文化的基础上发展与传承传统工艺和戏曲，推进传统文化的传承发展。安徽省的黄梅戏、徽剧、庐剧、花鼓戏等戏曲都是在全省甚至全国享有盛名的，怀宁县政府支持培育以传统戏曲为特色的石牌戏曲文化小镇，重点建设其传统表演艺术，鼓励举办已经有一定知名度的国内外节庆或文化活动，力求吸引各地的游客前往参与，通过特色文化打造特色旅游，真正实现“文化 + 旅游”协调发展。

（三）重视旅游经济发展

安徽省政府重视旅游资源的开发，围绕特色小镇的产业开发特色旅游，文旅不分家，各地旅游特色小镇在挖掘特色文化的同时，利用“旅游 + 文化”模式实现旅游产业的再发展，实现旅游经济的大发展。为了实现“旅游 +”的小镇发展模式，各地旅游小镇都在重点打造旅游特色小镇的旅游资源的特别性，希望让自身区别于其他旅游小镇并脱颖而出。

皖南池州拥有全国知名的佛教圣地——九华山，池州市青阳县朱备禅修小镇就依托于九华山旅游资源，大力发展旅游经济。朱备禅修小镇以九华山佛教文化为基础，大力发展禅修文化，并将禅修文化与旅游结合，打造围绕九华山的旅游度假中心，将佛教文化资源转化为旅游资源，并努力通过“旅游 +”的发展模式，以旅游带动地区其他产业的发展。黄山市休宁县齐云旅游小镇围绕道教四大名山之一——齐云山进行建设，小镇拥有悠久的道教文化积淀，围绕道教文化内涵建立特色的养生旅游度假区，将道文化与旅游相融合，走出齐云山特色旅游小镇建设之路，在黄山徽州区小镇中突出特色。

安徽省还将旅游与扶贫相结合，借精准扶贫在乡镇开展的趋势，在特色小镇建设中大力推进旅游项目的开发，为贫困群众提供更多的工作岗位，提高群众的收入。在旅游开发中，乡镇群众也有了更多的就业发展机会，直接提升了群众参与建设的意愿，为特色小镇未来的旅游可持续发展奠定了人力、产业基础。以旅游带动脱贫、脱贫反馈旅游建设，真正地将旅游扶贫打造成了有效而可持续的脱贫之路。皖西山区的霍山县上土市镇陡沙河拥有丰富的天然温泉、中药材等独特资源，但因地理位置、交通不便，属于贫困地区。自从开展陡沙河温泉小镇项目后，政府大力推动陡沙河温泉小镇的旅游产业发展，安排贫困人口在温泉小镇内务工，既提高了当地贫困户收入，也解决了特色小镇旅游产业建设中服务人员的需求。

（四）完善基础设施建设

旅游特色小镇的建设要求政府的统筹规划，安徽省人民政府在坚持市场主导的原则下，按照政府引导、市场运作的要求，履行自身服务、管理的职责，规划监督旅游特色小镇建设，突出企业主体作用，完善旅游特色小镇配套设施建设，以保障旅游特色小镇的正常招商引资。旅游特色小镇发展需要改善乡村环境，所以安徽省人民政府合理规划特色小镇内部道路，重视污水垃圾处理，为保持旅游小镇面貌整洁、环境干净付出了大量努力。比如，齐云山小镇开展全地区环境整治行动，从污水垃圾、道路景观、建筑等方面完善基础设施建设，力求改善乡村人居环境，打造优质旅游名片，实现乡村振兴。

特色小镇区别于城市地区，大都与人口密集区有一定距离，政府需要保障城市群对特色小镇的辐射作用。好的道路是旅游特色小镇能持续发展所必需的配套设施，安徽省投入大量资金用于乡村道路建设，保证通往各个旅游特色小镇的道路通畅便捷，并不断完善各特色小镇与周围地区的交通网建设，保障小镇的发展需求并扩大旅游特色小镇带动周围经济发展的作用。比如，陡沙河温泉小镇本身地理位置闭塞，但是政府大力支持大别山旅游通道工程的建设，让陡沙河温泉小镇可以对接高速公路，并能够依托高速网辐射周围城市群，拥有更大的旅游市场。

四、安徽省建设旅游特色小镇取得的成效

（一）旅游特色小镇建设获得充足资金

在安徽省旅游特色小镇的建设中，市场充分发挥了作用，在政府的支持下，各地旅游特色小镇都积极汲取除政府财政支持以外的各项投资、融资，使得旅游小镇的建设获得了充足的资金，资金来源也更多样，省内各旅游小镇获得多方投资，提高了旅游特色小镇发展的持续性、稳定性和抗风险性。

皖北的第一批省级特色小镇亳州市谯城区十河芍花养生小镇，为打造集“生态、文化、娱乐、美食、休闲、度假”为一体的综合性特色乡村旅游综合体，市区两级先后投入 3700 多万元，通过招商引资先后吸引了润耕天下、世外桃源、七彩花都、昆虫王国等多家旅游企业投资，总投资达 2.5 亿元，为特色小镇的建设档次更高、数量更多的旅游景点提供了资本基础。十河芍花养生小镇的旅游发展有充足的资金支持，围绕芍花观赏和养生体验，先后举办“芍花养生节”“油菜花节”等活动 35 次，至 2018 年 10 月共接待游客 70 万人次，目标是打造皖北最具有特色的以花为景的旅游特色小镇。

池州市青阳县朱备禅修小镇打造的是皖南休闲精品旅游区，它依托九华山，发展佛教禅修文化，其中宿心小镇项目是朱备禅修小镇建设的一个重要组成部分，为进一步推进朱备特色小镇产业发展，实现朱备镇文化旅游业的快速崛起，其不断创新招商引资举措，加大招商引资工作力度。2018 年 11 月 26 日，禅修小镇与安徽某旅游文化发展有限公司签订了战略合作框架协议，总投资 6.2 亿元的宿心小镇项目正式签约落地，为推动朱备特色小镇的高质量发展提供了持久动力。

黄山市组织开展了旅游特色小镇建设项目谋划工作，其大力推进旅游特色小镇招商取得了显著的成效。在项目建设上，黄山市坚持政府引导、企业主体、市场化运作

模式，积极组织旅游特色小镇申报国家专项建设资金、中央预算内资金和专项补助资金等支持。

2018年，黄山市首批旅游特色小镇已初步摸排1000万元以上重点项目200余个，总投资超过400亿元。黄山市休宁县齐云旅游小镇2016年完成招商引资4.2亿元，黄山市徽州区西溪南创意小镇先后引进北上广深等地的高端人士43位。

（二）旅游特色小镇文化建设初见成效

安徽省旅游特色小镇大力保护地方区域内的历史古迹，挖掘传承当地传统文化，发展创新特色文化产业，在政府和企业的多方努力下，已经建设成了一批具有安徽特色文化底蕴、人文环境优越、历史氛围浓厚的极具徽风皖韵的文化旅游特色小镇。特色小镇的古建筑、古民居、古街道都得到了及时的保护和维护，传统文化在被深挖后得到了合理的开发，文化产业在得到扶持后快速发展，品牌茶叶、徽墨、歙砚、宣纸等传统经典文化产业也得到延续和再发展。

有1200年文明史的黄山市徽州区西溪南村，通过大力保护村内的全国重点保护文物——老屋阁和绿绕亭，先后跻身“安徽省特色景观旅游名村”“中国传统村落名录”，2018年成功跻身全省首批特色小镇，同年获得“全国最美特色小镇50强”“长三角最具魅力旅游特色小镇”称号。安徽省在特色文化建设过程中成效显著的还有三河古镇，该小镇凭借对古文化的维护和开发，打造了属于自己的特色旅游名片。

三河古镇位于合肥市肥西县南端，小镇境内存有古城墙，拥有大量古建筑、古民居，小镇在建设过程中重视对历史古遗迹的保护，对境内的古巷、古街、古城墙、古炮台、古民居等都进行了保护性开发，花费大量精力用于保存小镇境内原汁原味的古风古貌，取得了显著的成效。三河古镇如今完整保存有体现明清至民国时期的历史文化建筑，为三河古镇的发展奠定了历史实物基础。三河古镇在现有历史文化遗迹的基础上深入挖掘其背后的历史故事，丰富其文化底蕴。三河古镇内有刘同兴隆庄、杨振宁旧居、孙立人故居等古建筑，小镇通过研究史料，挖掘建筑背后的历史，并将其丰富完善，让游客可以在参观游览过程中了解那段历史，对小镇的古建筑有更直观深刻的感受。小镇在历史遗迹的基础上积极挖掘特色文化，建设董寅初纪念馆、三河大战风云馆，让游客有机会了解和感受三河历史条件下的特色文化，小镇境内也大力发展商业，完善了从美食、特产到住宿的一系列产业建设，让游客能在参观游览的过程中体会小镇历史文化的“特”。现在三河古镇已经是国家5A级景区，中国历史文化名镇，它是安徽省文化旅游的名片，是安徽省旅游特色小镇文化建设发展的见证。

（三）旅游特色小镇经济实现快速增长

安徽省旅游特色小镇立足自身旅游资源，在挖掘发展文化的基础上，大力发展旅游产业，建设旅游项目。通过旅游产业的建设，目前安徽省旅游特色小镇已经吸引了一批周围区域游客前往游玩，部分旅游设施建设完善的旅游特色小镇甚至已经能吸引一大批省内外游客前往旅游。随着小镇名气的提升、旅游产业的完善、游客的增多，相关纪念品产业、文创产业、服务产业也都得到了快速的发展，农副产品、农家乐等产业增加了群众的就业机会和就业方向，给当地居民带去了更多的收入。例如，安徽省皖南地区的旅游特色小镇通过发展特色旅游产业，实现了旅游经济的快速增长，提高了当地的经济和收入水平。

宏村位于黄山市黟县，因旅游资源丰富而大力发展旅游经济。宏村拥有世界文化遗产、中国历史文化名村，还有许多中国传统村落，这些都是写生摄影家的最爱，所以宏村依托世界文化遗产，以艺术为切入点，开发建设旅游业。目前已经开发建设宏村印象，引进酒店、艺术、写生摄影等项目，着力打造具有皖南风情的创意旅游度假区和特色艺术小镇。2016 年黄山市黟县宏村艺术小镇被评为中国特色小镇。

西递遗产小镇是全国重点文物保护单位，拥有保存最完整的徽派建筑群，是世界文化遗产，小镇还拥有徽州楹联匾额、徽州三雕等 17 项非物质文化遗产，有深厚的徽州特色文化底蕴，一直有“明清古民居博物馆”和“桃花源里人家”的美誉。所以西递遗产小镇以其丰富的遗产资源为基础，综合开发石林等旅游资源，以“遗产旅游”为“特”，充分发挥西递物质和非物质文化遗产的高价值，打造休闲度假旅游小镇。西递遗产小镇的旅游融合了遗产保护和文化休闲，不仅促进了文化遗产的保护传承，也形成了西递特色的旅游产业链，带动了西递遗产小镇的经济发展。如今，西递和宏村已经是皖南徽文化旅游的名片，在国内外都享有盛名，每年吸引许多游客前往游览，旅游业已经是小镇的经济支柱，充分发挥了旅游对特色小镇经济的促进作用。

以“古镇旅游 + 创意产业”双轮驱动为目标的西溪南镇，通过发展文化、影视、设计、民宿为代表的创意旅游产业，实现了经济的快速增长。例如，西溪南镇上村现在已经有了初具规模的民宿群，有民宿 11 家，客房近 200 间，可同时容纳 240 人就餐。2018 年，上村民宿全年接待过夜游客 4.5 万人次，旅游综合收入 2000 万元，增加村集体收入近 30 万元。上村民宿依靠其独特的民宿设计和多种形式的运营模式，荣获“2018 年长三角最具魅力旅游度假酒店”称号。

（四）旅游特色小镇基础设施得到完善

政府在旅游特色小镇基础建设方面的投入取到了显著成效，最明显的就是旅游特色小镇通往周围城市群的道路基本通畅，小镇与周边地区联系的国道、省道、县道和村村通等大小道路都得到了修缮，旅游特色小镇周围居民的出行状况得到了极大的改善，旅游特色小镇内部的道路、环境、设施也都得到了大幅度改善，小镇的生态、旅游优势进一步扩大，为特色小镇吸引游客、发展旅游业点亮了绿灯。皖西大别山区就是典型案例，皖西山区长久以来因为地理位置和环境，交通不便，属于贫困地区，因旅游特色小镇的建设，基础设施得到完善，当地的交通和基础设施都得到了质的飞跃，实现了旅游脱贫。

陡沙河温泉小镇位于霍山县上土市镇，属于皖西大别山区，交通不便是制约其旅游发展的重要因素，好的道路是特色小镇持续发展所必需的配套设施。随着大别山旅游通道工程的完成，陡沙河温泉小镇可以对接高速公路，温泉小镇境内国省道也得到修缮，105 国道与济广高速南北穿境，318、209 省道东西贯通，形成便捷完善的道路系统。陡沙河温泉小镇通过建设完善的道路系统近可以辐射全省，如温泉小镇距六安市 40 千米，需要 0.5 小时车程；距离合肥市 110 千米，仅需 1.5 小时车程，远可以辐射长三角、武汉等地。随着道路的建设完善，旅游资源的开放有了受众，为陡沙河温泉小镇带来了巨大的发展机遇。目前陡沙河温泉小镇在加强道路沿线的生态环境资源保护，力求围绕大别山旅游通道，建设一个国家旅游风景道示范项目，让温泉小镇有更多的“特”。温泉小镇除了以优美的自然环境、独特的天然温泉为卖点，小镇内部也加大了建设力度，进行全区域的基础设施建设，加大环境整治，完善供水、河道建设，对路面进行绿化，打造美丽乡村、魅力小镇。通过完善内外基础设施，陡沙河温泉小镇在全省范围内已经有了一定的名气和口碑，好的道路让游客有了游玩可行性，好的内部基础建设让游客认可，日益完善的基础设施为日后温泉小镇持续发展奠定了基础。

第五章　旅游特色小镇的“特色”构建

一、文化认同：特色小镇的内核

特色小镇是在产业驱动下形成的一种发展模式，相比于之前的经济开发区、产业园区等，特色小镇最大的特点就是文化的保护与传承被置于很高的地位。特色小镇“产、城、人、文”一体化发展，其中，文化是特色小镇的“内核”，即文化标识造就了小镇的独特性，通过文化内涵的展现营造小镇的独特印象。图 5-1 为各省以文化为内核的旅游特色小镇的数量。文化是灵魂、是核心，是塑造品牌和打造持久生命力的关键，而文化可融入景观、建筑、活动、商品、消费等方面，形成无处不在的影响力。比如，鸠兹古镇挖掘徽文化打造沉浸式体验度假小镇（见图 5-2），嵊州打造越剧小镇聚焦戏曲文化（见图 5-3），长沙铜官窑古镇聚焦陶瓷文化（见图 5-4），甘坑小镇提炼客家小凉帽文化开发系列文化产品。

特色小镇文化体现在诸多方面，要使小镇形象、风貌独具特色，亮点突出，首先要对小镇文化内涵进行深入的挖掘与梳理。从旅游角度看，要善于利用自然景观资源，体现小镇历史人文氛围；从产业角度看，要根据自身资源禀赋和发展条件挖掘产业文化，并延伸加强。[①] 我们要通过厘清文化要素，塑造小镇形象与风貌，体现小镇文化内涵独特性。

① 陈立旭．论特色小镇建设的文化支撑［J］．中共浙江省委党校学报，2016，32（5）：14-20．

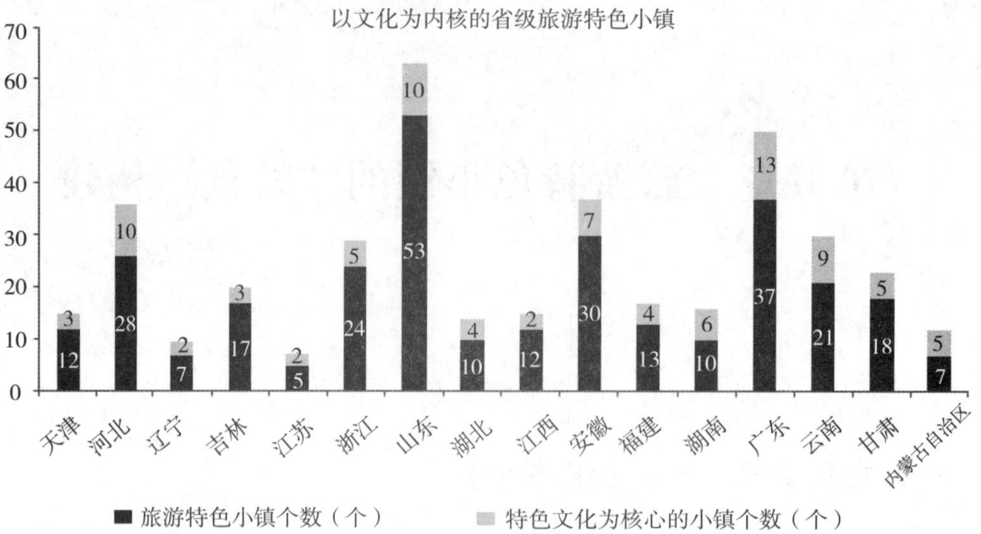

数据来源：根据各省特色小镇创建名单整理。

图 5-1　以文化为内核的省级旅游特色小镇

图 5-2　鸠兹古镇——聚焦徽文化

图 5-3 嵊州越剧小镇——聚焦戏曲文化

图 5-4 长沙铜官窑古镇——聚焦陶瓷文化

（一）自然风貌的独特性

许多特色小镇具有得天独厚的自然风貌，或山林俊秀、或田园秀丽。特色小镇建设必须要生态优先，因地制宜，减少对自然环境的破坏与开发，顺应地形地貌、山水格局与生态本底，打造与自然风貌相协调的小镇整体规划与形象设计。此外，特色小镇要注重生态与生产的相适应，小镇经济发展不能对环境造成破坏。

目前，多数特色小镇的选址都在环境秀美之地，生态资源承载力较强。有很多小镇按照4A景区标准建设，主要是为了创造舒适的创业环境和社区环境。以休闲旅游为主的特色小镇更是借助独特自然风貌或生态本底，按5A级景区的标准建设，为城市人群提供了休闲体验的好去处。

（二）传统文化的多维度

传统文化赋予了特色小镇独特的人文氛围与内涵。传统文化包含的范围相当广泛，包括风俗习惯、生活方式等软环境，也包括传统演绎、展示等。通过对传统文化的充分挖掘与整理，对其进行良好的保护与开发，将文化与产业结合，传承历史文化、植入特色产业文化，塑造多样化小镇文化氛围，从而达到对传统文化的宣扬，扩大文化保护面。

传统文化体现在小镇一砖一瓦、一街一巷中，通过对历史古建筑、空间格局、绿化景观等的考究，延续历史特色，保证小镇的建设风格统一鲜明。

1. 文化风俗体现小镇性格与形象

小镇的文化风俗是在漫长的历史发展过程中培养形成的，包含了人文精神要素。流传已久的民俗风情会在小镇具有高度文化认同感，甚至一直保留至今，仍然流传在小镇居民间，逐渐形成了小镇独特的性格与形象。小镇的传统文化民俗，已经潜移默化地渗透到小镇日常生活中，影响小镇生活方式等各个方面。

2. 文化资源增色城镇特色空间

文化资源是小镇文化价值的标志，具有历史文化特色的资源往往会成为小镇的标志或主要节点，如历史古建筑、街巷广场等，都是构成小镇特色的重要因素。文化资源也影响着小镇的规划建设，在塑造小镇风貌时，应充分尊重小镇原有的文化遗存，包括街巷格局、建筑形式等，强化文化空间意向，创造具有特色的城镇空间风貌。

（三）社区文化的认同感

在特色小镇功能内涵部分已经提到过特色小镇具备完善的社区功能，特色小镇不仅是产业发展的平台和载体，还要大力吸引社区居民长久居住于此。特色小镇要通过创造和谐宜居的社区环境，使小镇居民，无论是小镇原居民，还是小镇服务从业人员，或者是外来的产业、企业从业人员等，都能体验到兼具城市便利服务与乡村惬意舒适的生活环境，从而集聚小镇人气，如此才能带动新型城乡经济发展。通过小镇日常管理服务，使小镇居民尽享便利与舒适。完善的社区服务、优美的社区环境、高效的社区运营、完善的社区管理等，都使小镇居民拥有自豪感和小镇社区文化认同感。

在北京延庆的奥伦达部落，社区融洽度前所未有，小镇有很多业主发展运营的社群聚落，小镇居民热衷于参与聚落活动，经常交流聚会，建立起完善的社区价值感和安全感。

（四）安徽省“文化 + 旅游”型建设模式

“文化 + 旅游”型小镇是以文化、旅游产业植入为特色的小镇，根据文旅产业在小镇当中的地位不同，可将“文化 + 旅游”型特色小镇分为两类。第一类是文旅驱动型，即文旅产业占主导地位，在资源方面具有独特性和吸引力，其他产业发展不充分，乌镇和古北水镇是典型的代表，需要以全域化的理念打造，实现从景点旅游到全域旅游的跨越。第二类是“文旅 + 产业”双驱动，即文旅产业和特色产业叠加融合，旅游功能比较完善，属于复合型特色小镇，以影视和旅游为主的横店影视城就是典型代表，该类型需要充分发掘和放大主题特色，拓展要素，延伸功能。

“文化 + 旅游”型小镇主要特征有以下几点：

1. 主要依托现有文化和旅游景区资源的建设

从发展的角度来看，中国小城镇的文化旅游特色大致分为两类：一是依托古镇、古村落、历史文化街区等历史文物进行产品整合，统一升级“文化 + 旅游”，包装一个小镇；二是依托一定的历史遗迹、自然景观，故事或民俗，将资源转化为产品和产品为项目。

2. 通常配置一定比例地产开发项目以平衡项目现金流

“文化 + 旅游”型小镇的商业设施除了承担吃、住、游、购等基本功能，还应该形成一套综合性的功能，如有文化的展示和体验、可进行互动和游览体验等。一方面为将消费者、小镇经营者与小镇三者融合在一起，使小镇营造出浓郁的生活气息，为居民、游客提供轻松、休闲的旅游服务；另一方面，为使小镇投资者拥有一定能较快变现的资产，以平衡小镇后期开发及运转的现金流，所以“文化 + 旅游”型小镇通常会配置一定的地产开发项目，如普通住宅、度假型公寓等，从而营造出小镇独特的文旅商业氛围。

3.“文化 + 旅游”型建设模式应用——西递遗产小镇

（1）发展现况

西递村东西长 700 米，南北宽 300 米，居民 300 余户，人口 1000 多人。因村边有水西流，又因古有递送邮件的驿站，故而得名“西递”，素有“桃花源里人家”之称。西递村始建于北宋，迄今已有 950 年的历史，为胡姓人家聚居之地。

西递村落呈船形，四面环山，两条溪流穿村而过，村中街巷沿溪而设，均用青石铺地，整个村落空间自然流畅，动静相宜。街巷两旁的古建筑淡雅朴素，错落有致。西递村现存明、清古民居 124 幢，祠堂 3 幢，包括凌云阁、刺史牌楼、瑞玉庭、桃李园、东园、西园、大夫第、敬爱堂、履福堂、青云轩、膺福堂等，堪称徽派古民居建筑艺术之典范。

西递村头的三间青石牌坊建于明万历六年（公元 1578 年），四柱五楼，峥嵘巍峨，结构精巧，是胡氏家族地位显赫的象征。村中有座康熙年间建造的“履福堂”，陈设典雅，充满书香气息，厅堂题为“书诗经世文章，孝悌传家根本”“读书好营商好效好便好，创业难守成难知难不难”的对联，显示出“儒商”本色。村中另一古宅为“大夫第”，建于清康熙三十年（公元 1691 年）为临街亭阁式建筑，原用于观景，门额下有“做退一步想”的题字，语意警醒，耐人寻味。

（2）建设条件与特点

文化品牌响亮，以传统徽州文化以主体特色，素有“明清古民居博物馆”和“桃花源里人家”之美誉。小镇的徽州楹联匾额、徽州三雕、腊八豆腐制作及利源手工制麻等 17 项非物质文化遗产占黟县非物质文化遗产的 70%，同时拥有水口文化、孝行文化、农耕文化、西递族谱等底蕴深厚的徽州特色文化，在徽州物质和非物质文化遗产中均具有较高价值。

在产业定位方面，以西递遗产资源为产业发展载体，以“文化 + 旅游”产业融合为发展举措，塑造“产业经脉”的黄金走廊，“遗产旅游香脉”特色品牌，打通非物质文化遗产文旅融合之脉，促进文化遗产保护传承，构建两大核心产业链与三大衍生产业链，形成西递特色产业链，带动西递经济发展，打造集非物质文化遗产保护传承展示及休闲度假体验于一体的非物质文化遗产小镇。

在空间布局方面，规划面积 2.98 平方千米，分为一个镇区核心区和石林、自在谷两个地块延展区。镇区核心区，西至 1047 文化街区，东至 X301 旅游公路，北至遗产建设控制地带、南至古石窟群，规划区范围面积 2.08 平方千米；石林延展区规划面积 0.47 平方千米；自在谷延展区规划面积 0.43 平方千米。西递遗产小镇分为非遗体验、综合服务、观光探索、遗产展示、文创休闲和科普研学六大功能区。

二、产业助力：特色小镇的立镇之本

产业是特色小镇的核心，是特色小镇发展的基石。[①] 具备了创新性、特色性的产业，以及完整的产业链，小镇才能持续高效地运行下去。正是依靠产业的发展，才能集聚企业、集聚人才、集聚人口，即“以产带镇、以产兴镇”。[②] 特色小镇的产业应该保持较高的经济效益，并且吸引周边产业形成一定产业链，通过小镇产业集群化发展，推动经济转型升级提升。

---

① 钱峰．特色小镇要以产业为核心发展 [J]. 杭州（我们），2017（7）：5-6.

② 陈桂秋，马猛，温春阳，等．特色小镇特在哪 [J]. 城市规划，2017，41（2）：68-74.

特色小镇产业发展首先要解决定位问题，不能盲目选择，应综合考虑多种要素，精准定位、特色鲜明。[①] 特色小镇产业不能满足于按部就班的发展，应主动做大、做强。综合我国各地区产业发展现状，特色小镇产业应该向传统产业、新兴产业、历史经典产业三个方向发展。

（一）助力传统产业的转型升级

经济新常态下，传统制造业已逐渐显示出疲态，发展后劲不足，也显现出诸多问题，包括产业低端、产品初级、同质化严重等。特别是在以区块经济为主的江浙地区，想要提升区域竞争力，亟须对经济提质增速，这就需要对传统制造业进行转型升级。而特色小镇这一发展模式，能够集聚高端要素，通过产业转型推动供给侧改革。特色小镇可以利用优势产业，以及发展优势，通过纵横联系，补足、延伸、做强上下产业链条，将原来的纯工业、纯制造业延伸到技术、服务、文化等方面，促进产业融合发展，提高产业综合发展实力。特色小镇可以应用“互联网＋”等新技术，对传统产业进行改造升级，达到技术集约化、高加工度化、信息化等。

（二）新兴产业培育的新载体

新兴产业随着历史发展逐渐变化，社会进入后信息时代，各类型新兴产业逐渐兴起，世界各国都在布局具有战略意义的新兴产业，特色小镇成为我国培育新兴产业的良好载体。例如，杭州市西湖云栖小镇、嘉兴市南湖基金小镇、天津市武清崔黄口电商小镇等，都具有鲜明的新兴产业特征。

特色小镇布局新兴产业的发展具有很多优势，一方面，可以得到各级政府的支持，减少发展阻碍；另一方面，小空间范围内的产业集聚效应降低了招商难度与成本，因为各领域的龙头企业本身就是很好的招商广告。此外，以创新推动新型发展聚集，破解了地区资源短缺问题。[②]

新兴产业包括基金、金融等金融类，互联网、信息经济等信息类，创意设计、健康服务业等创新类，其他智力密集型产业等。以科技创新为引领，激活、延展小镇业态内容和表现形式，而虚拟现实、智能制造、人工智能、物联网等高新科技均具备在旅游小镇落地的场景，如图 5-5 所示。

① 程亚南．特色小镇内涵之精准产业培育[J]．住宅与房地产，2017（26）：25-26.

② 张晓强．培育发展战略性新兴产业 落实创新驱动发展战略[N]．中国经济导报，2013-09-17（A02）.

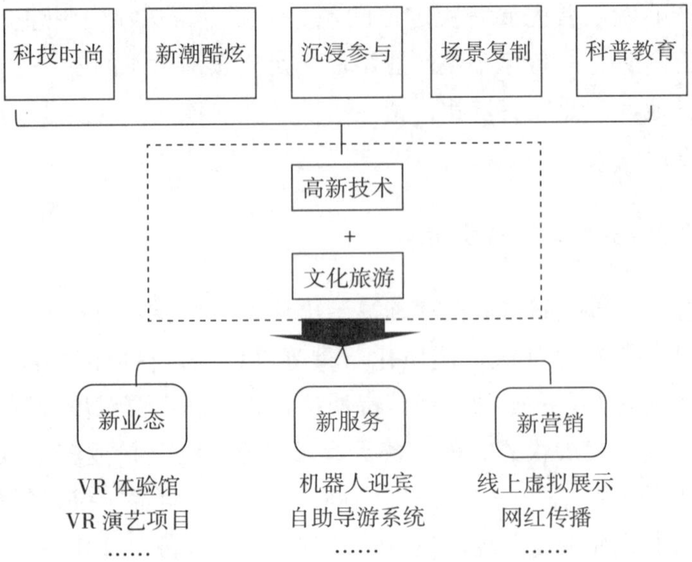

图 5-5　“高新科技 + 文化”旅游新业态分析

例如，大连博涛打造的木牛流马成为小镇引流的网红项目（见图 5-6）。

图 5-6　大连博涛打造的木牛流马

（三）历史经典产业的回归

历史经典产业通常有着悠久的传承历史，并且带着深厚的文化底蕴，在产业特色上具有了天然的排他性。

历史经典产业的回归是社会发展的必然结果，主要是基于人们消费导向的转变，现在人们更倾向于对消费品质及人文情怀、生活体验的追求。通过引入新业态、展示新特色、形成新经典，可以促进文化与产业的深度融合，同时保留了历史文化产业的传承，通过创新促进历史产业与未来发展需求有机衔接。

我国历史经典产业种类诸多，包括自古就闻名于世的丝绸、茶叶，以及中药药材、文房四宝、瓷器等具有悠久传统文化烙印的产业，还有酿酒、雕刻等。例如，浙江特色小镇所谓的“7+1”产业中“1”就是指历史经典产业。

（四）安徽省“产业 + 科技”型建设模式

“产业 + 科技”型小镇是以特色产业、传统产业为出发点，引入高科技技术和创新元素，在原有的基础上进行技术升级。科技支撑体系是需要多方面的要素共同承担的，进而成为一个有机整体，这些要素中主要有科技资金、科技政策、科技项目、技术成果、高新科技人才、科技类基础设施及配套服务等。

想要建立特色小镇，必须将建立“产、城、人、文”四位一体的有机平台作为共同目标。第一，特色小镇中占主体地位的产业是离不开科技支撑系统的，其发展需要的动力都来源于科技。其中，最关键的动力便是科技项目及其技术成果，科技项目可以进一步深化小镇产业的技术结构，不仅可以对其核心价值链进行提升，还可以将其资源的配置进行高度优化。另外，制定有效的科技辅导策略可以为科技的创新指明方向，能使其发展走在前列。除此之外，专项的科技也可以获得研发资金，这些资金对产业的创新来说有极大的激励作用，能促进科技创新的良性循环。第二，小镇智慧城市的建设也是离不开科技的支撑系统的。所谓智慧城市是指“数字城市”“知识与创造力城市”及“可持续城市”三者相互促进的一种形式，其想要获得全面的进步就必须靠科技来推动。只有科技成果才能提供最关键的技术，才能为小镇打造一个智能化的适合居住的空间。另外，科技也可以创立环境治理技术，能够提高小镇的环境治理效率，实现可持续发展。第三，小镇的人才汇集也是需要科技支撑系统的，它的存在可以创造一个更加广阔和开放的平台。想要招纳更多的科技型人才，就必须制定鼓励性的引智政策，并且有厚实的基础建设和一系列的相关服务等，这样才能将小镇中的人才构成盘活，才能形成一个高水平的人才市场。第四，小镇想要保留具有创新力量的文化特色，在很大程度上依赖于科技支撑系统，因为其可以为小镇建设提供物质资源基础。

小镇的文化是全方位的，是多样化的，有了科技的支撑，才能为小镇填充更加创新的文化特色，才能带动文化的活力。科技发展的人才、项目及成果等对教育资源和创意性的文化都有极大的促进作用，能够提高文化价值的聚合能力。

“产业 + 科技”型建设模式应用——黄山市休宁县溪口汽配小镇

1.发展现状

溪口汽配小镇位于休宁县西部，地处率水河上游，东临休宁县城，西靠流口革命老区，南接江西省婺源县，北邻中国道教名山——齐云山。① 该镇位于县域经济带、南群城镇带、新安江城镇带的交汇地带，是新安江发展轴上的重要节点，紧临中心城区规划区，处在休南的桥头堡，是岩休盆地与南部山区联动发展的重要节点。小镇拥有国家级重点高新技术企业——昌辉汽车电器（黄山）股份公司，是全国重点镇、安徽省汽配产业专业镇、安徽省产业集群专业镇建设示范点。特色汽车电器配件产业规模大、产品辐射范围广，特色汽配小镇逐步成型，具有明显的特色优势。以昌辉汽车电器（黄山）股份公司为依托，着力打造具有溪口特色和市场竞争力的汽车电器零配件产业带，力争“十三五”期间汽配小镇初具规模。2013 年，在保证现有生产、销售规模、能力的基础上，昌辉企业投资 4.8 亿元，兴建昌辉新区一期 EPS、精密模具、汽车电子电器产能扩展、车身电气工程实验室等四大项目。

2. 建设条件与特点

在产业定位方面，以智能汽配研发制造为核心，推动“产业＋科技”的功能融合，加快建设汽车零配件生产、汽车周边产品创意设计、汽车主题兼具生态乡村旅游的产业体系，打造集汽配制造研发、主题特色旅游及精致小镇生活等功能于一体的绿色智能汽配小镇。

在投资计划方面，新建或改造投资项目共计 20 个，总投资约 21 亿元。在空间布局方面，规划用地面积约为 2.16 平方千米，其中，工业用地面积 28 公顷，占规划建设用地 12.96%。空间规划上强调引山融水、引景入镇，塑造错落交织、收放有序的“山、水、镇”空间，总体形成“一河两岸三心六区”的功能结构。②

三、功能嵌入：特色小镇的保障

根据城乡用地分类标准，城市及村镇用地功能一般包括居住、公共服务、商业、服务业、工业、物流仓储、道路交通、公用设施、绿地广场等。城市四大功能分区包括居住、工作、游憩、交通。

特色小镇作为新型城镇化的重要载体，应兼具城市功能和乡村功能，保持功能高度聚合性，并且促进各功能协调发展。特色小镇功能建设要实现生产、生活、生态的有机融合，注重产业集聚与人居舒适的同步建设和完善。特色小镇要在相对有限的空间里，充分融合多种功能要素，包括生产、旅游、文化、社区、绿化、景观等。③ 在构筑产业生态圈的同时，促进功能复合区完善，创造宜居环境和创业氛围。

在特色小镇诸多功能中有两大核心功能，一是以小镇产业为依托的“生产功能”；

---

① 郑风田，唐忠．论产业集群租金与产业集群演进 [J]. 中国工业经济，2007（3）：67-68.

② 王缉慈，童昕．新经济地理学视角下的生产性服务业集聚及其影响因素研究 [J]. 管理世界，2009（6）：78-80.

③ 张旭东．浅谈我国特色小镇内涵及发展建议 [J]. 建设科技，2018（2）：22-23.

二是基于小镇旅游和居住的“服务功能”。没有生产与服务，就无法形成大量人口的聚集。

（一）扩大生产功能

生产功能的发展是城镇发展的主要推力。生产功能可以带来经济与收入方式的变化。特色小镇以特色产业的发展为基础，通过扩大生产功能，促进城镇经济水平发展，带动社会进步。

具体来说，扩大生产功能包括以产业为基础的纵向延伸，以及各功能融合和横向扩展。通过完善产业链条，从产业前期的研发功能，到加工、制造功能，再到后期的营销、管理、服务等功能延伸，全面布局产业上下游。此外，还要与围绕生产展开的物流仓储、交通运输等支撑功能相结合。

（二）嵌入旅游服务功能

特色小镇还处于起步发展阶段，很多小镇也是以旅游为主导。虽然不能仅仅以旅游作为特色小镇核心功能，但是旅游确实可以发挥不小的作用，包括聚集人口、聚集消费、生态优化等，通过旅游的“搬运”功能，促进小镇内外系统交换融合。[①] 特色小镇的旅游功能主要是提供一个相对舒适的环境，营造“慢生活”体验氛围，吸引游客体验本地各种旅游功能要素。此外，在旅游过程中，进一步带动小镇复合消费结构，包括出售农产品、艺术品、纪念品等购物功能；文化体验、娱乐、运动康体、养生等休闲功能；还有旅游过程中交通出行、住宿、餐饮等功能。随着消费水平升级，旅游基本六要素之外又拓展出了新旅游基本六要素，即旅游发展要素或拓展要素，包括“商、养、学、闲、情、奇”（见表 5-1），即更加关注内心情感和参与互动体验感，包括学习体验当地文化、拍摄记录并与他人分享等在内的参与式活动，以及针对商务人群的商务会议、会展培训功能等。

很多独具特色的小镇，是人们旅游休闲的主要目的地，通过充分挖掘旅游新旧要素，丰富了特色小镇旅游体验，集聚人气，带动经济发展。

表5-1 旅游功能要素

旅游基本六要素	吃	住	行	游	娱	购
	餐饮	住宿	出行	游玩	娱乐	购物
新旅游基本六要素	商	养	学	闲	情	奇
	商务	养生	研学	休闲	情感	探奇

① 李龙，李春艳．特色小镇内涵及可持续发展研究 [J]. 智库时代，2019（40）：5-6.

当前，90 后、00 后成为主要消费群体，消费结构出现了比较大的变化，主要体现在新潮消费已深入人心，日渐成为旅游小镇的必备业态，能起到叫好又叫座的效果。这里可以简单归纳为六个经济（见图 5-7）：“她经济”即以女性为主导的经济，在旅游出游决策当中，女性主导占 86% 左右的配比，迎合女性的诉求就能够吸引或者在她出游决策当中占很好的优势；“儿童经济”即现在亲子游的需求；“潮经济”主要是针对年轻人；还有“粉丝经济”“萌经济”“养生经济”等。此外，二次元走进旅游特色小镇，也带来时尚和活力（见图 5-8、图 5-10、图 5-11）；网红业态也成为小镇打卡重要推动力（见图 5-9）。

她经济——女性情感
关键词：母婴、医美、时尚、运动以及家居等

儿童经济——亲子合家欢
关键词：儿童用品、玩具、亲子娱乐、亲子服务、亲子教育、亲子等

潮经济——青年人探新
关键词：潮牌、科技、时尚、电竞等

粉丝经济——粉丝社群
关键词：偶像明星、体育、游戏、KOL、网红的等

萌经济——萌系青年
关键词：萌宠、二次元、动漫 IP 等

养生经济——全民养生（养生年轻化）
关键词：运动健身、康体疗养、体检保养等

图 5-7　旅游小镇业态分析

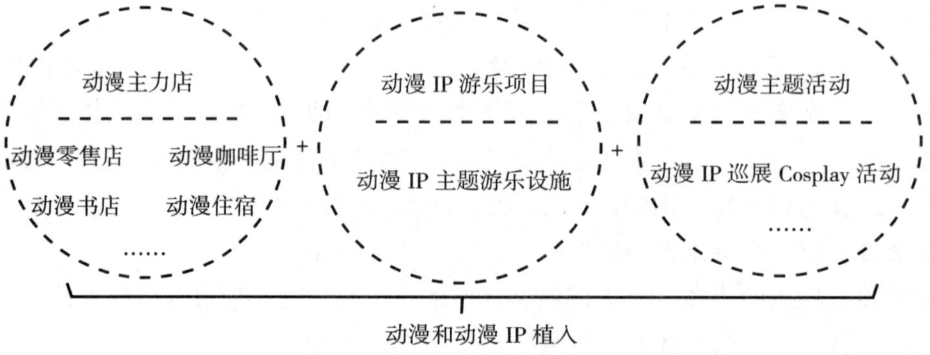

图 5-8　二次元走进旅游特色小镇

网红景观 历史—人文	花博会小镇打造“中国首个景绿网红小镇” 景观调性凸显网红特色 东风韵艺术小镇打造滇中的“普罗旺斯” 成为网红打卡圣地
网红店铺 零售—体验—住宿	钟书阁 西西弗书店 言又几 LES AIRS …… 网红店铺带来流量入口和特色体验
网红活动 音乐会—赛事— 其他网红活动	鸠兹古镇 举办网红美食街吃货大团圆活动 绿地雪莱小镇 举办张信哲湖畔群星演唱会
……	

图 5-9 网红业态成为小镇打卡重要推动力

图 5-10 张小盒动漫主题引入西塘童话小镇

图 5-11　萌喵吾皇空降拈花湾小镇

（三）夯实社区服务功能

特色小镇产业发展带来了企业和其他工作人员，特色小镇旅游发展带来了中短期流动人口，加上小镇原居民的集聚等，人口集聚必将带来对社区服务功能的需求。特色小镇有别于传统产业园区的一点也在于其完善的社区功能。特色小镇不仅是产业发展的平台和载体，还要大力吸引社区居民长久居住于此。因此，除了注重产业功能以外，小镇还需要具备完善的生活功能。

特色小镇作为产业聚集体，其社区功能更加追求中高端化。人口素质高端化、生活品质高端化、社区特色化或主题化发展，类似于阿那亚和奥伦达部落小镇。满足这些人口的生活需求，需要具备完善的社区服务功能，包括社区、公寓、酒店等居住服务，医疗、教育、文化、商业等生活配套服务，以及水电网等市政基础设施服务。综合形成社区服务功能健全、完善、高配置等宜居环境，保障特色小镇的健康发展。

（四）安徽省“生态＋宜居”型的建设模式

“生态＋宜居”型小镇以原生态的生态环境为基础，以健康养生、休闲宜居为发展核心，重点建设养生养老、生态种植等健康产业，一般分布在生态休闲景区或者自然生态环境较好的区域。

“生态＋宜居”型小镇的主要特征有以下几点：

1. 资源优势

适宜创建发展“生态 + 宜居”型小镇的地区，一般应有良好的生态环境和气候条件，这是实现健康生活的一个重要基础条件。在这个基础条件上，根据当地不同资源，结合市场需求特点，可以发展融合不同产业体系的健康小镇。比如，拥有宗教文化、长寿文化、温泉资源、医药产业资源等，可依托项目地良好的气候及生态环境，构建生态体验、度假养生、温泉水疗养生、森林养生、高山避暑养生、海岛避寒养生、湖泊养生、矿物质养生、田园养生等养生业态，打造休闲农庄、养生度假区、养生谷、温泉度假区、生态酒店 / 民宿等产品，形成生态养生健康小镇的产业体系。

2. 功能明确

“生态 + 宜居”型小镇不同于一般的小镇，它的功能性更强。以体育产业为例，依托山地、峡谷、水体等地形地貌及资源，发展山地运动、水上运动、户外拓展、户外露营、户外体育运动、定向运动、养生运动、极限运动、传统体育运动、徒步旅行、探险等户外康体养生产品，推动体育、旅游、度假、健身、赛事等业态的深度融合发展。

“生态 + 宜居”型城镇是健康城镇建设与发展的起点和终点，以“宜居”产业为核心，整合健康、老年、休闲、旅游等多种功能。它已成为一个生态环境良好的特色小镇。特别是在中国人口老龄化的今天，养老已经成为社会的一个热门话题，一方面是因为我国人口老龄化问题，另一方面是因为随着社会的发展和人们生活水平的提高，人们越来越意识到健康的重要性。中共中央国务院印发《“健康中国 2030”规划纲要》把健康推向一个新的高度，为健康产业的发展提供了有力的支持，也在新时期、新形势下，为“生态 + 宜居”型小镇的开发建设指明了方向。①

3. “生态 + 宜居”型建设模式应用——黄山市徽州区潜口养生小镇

（1）发展现况

潜口镇位于黄山市徽州区，镇域面积 38.5 平方千米，总人口 1.4 万人，辖 6 个行政村，S103 省道、呈歙旅游公路、合铜黄高速公路（徽州区下口）在此交汇，黄杭高铁、合铜黄高铁穿镇而过，离黄山高铁北站仅 15 分钟车程。境内旅游资源丰富，拥有唐模、潜口民宅两处国家级 5A 景区，以及中国民间第一祠——金紫祠，华东休闲养生第一村——蜀源村。潜口镇先后荣获“全国环境优美乡镇”“安徽省历史文化名镇”“安徽省千年古镇”“安徽省最佳旅游乡镇”“黄山市特色村镇”试点镇等称号。潜口养生小镇总规划面积 3.48 平方千米，以潜口老街、潜口民宅、紫霞美食街为基础构建特色小镇核心区，核心区面积 1.11 平方千米，当地力争通过 5 年，集聚黄山市独特的养生产业优势资源，优化养疗环境，重点吸引长三角地区的设计师、文化

① 王永宁．产业集聚视角下的科技企业孵化器发展机制研究 [D]. 重庆：重庆大学，2010.

人、企业家等高端人群，把潜口养生小镇打造成为长三角地区乃至国内有较高知名度的医养名镇。

潜口养生小镇根据养疗产业核心业态及配套业态发展，谋划了潜口老街文旅综合开发、紫霞精品街区打造等21个项目，计划投资51.16亿元。目前，围绕业态布局，完善项目服务机制，深入推进了美丽之冠国际旅游城项目、贯之园中式园林度假项目、徽州小镇项目、枫丹白露旅游休闲度假中心项目、唐模生态茶园项目、潜口坤沙生态农业园项目、自驾车营地项目等。同时，围绕特色小镇基层设施建设，有序实施了道路、三线整治、污水管网铺设、老街巷整治提升等项目。

（2）建设条件与特点

在产业定位上，潜口养生小镇在深入挖掘特色资源的基础上，延伸养生产业链，丰富养生产业内容，转变之前单一的经营业态和服务功能，以特色的生态环境为核心，推动发展医疗保健服务产业、健康管理服务产业，形成“生态+宜居”为主要方向的建设模式，发展旅游养生、休闲养生、地产养生、饮食养生等，有计划、有步骤地打造集医疗、休闲、娱乐、餐饮、保健、健身、美容等多种功能为一体的华东医养小镇，制定并实施有效的营销策略，尝试与传统中医文化相结合，实现养生产业的品牌化、系统化。

在空间布局方面，以结合铜黄高速公路连接线和呈歙旅游公路东西向为横轴，以潜口民宅至潜口转盘南北向为纵轴的“十”字形发展框架，规划面积3.48平方千米，以潜口老街、潜口民宅、紫霞徽菜美食街为基础构建特色小镇核心区，规划面积1.11平方千米。空间规划布局按照“237”来打造，即2条特色产业带、3个养生产业区和7个养生产业扩展节点。

第六章　旅游特色小镇开发与运营模式

一、旅游特色小镇投融资体系与机制

（一）旅游产业投融资现状

从改革开放之初入境旅游“一花独放”，到20世纪90年代入境旅游、国内旅游“双轮驱动”，发展到如今入境旅游、国内旅游、出境旅游三足鼎立。40多年来，中国旅游业从单一的接待型产业发展成大众化产业，旅游业对国民经济的贡献大幅提升，旅游业已融入经济社会发展全局，成为国民经济战略性支柱产业。

据统计，2019年我国国内旅游人数达60.06亿人次，同比增长8.4%；入境旅游人数14531万人次，增长2.9%；出境旅游人数15463万人次，增长3.3%；全年旅游总收入6.63万亿元，同比增长11.1%。在我国经济发展进入新常态的今天，旅游投资逆势上扬，成为社会投资热点和最具有潜力的投资领域。

1.旅游业投融资发展历程

中国旅游投融资的规模演变自改革开放以来，大致划分为三个阶段：第一阶段，中国旅游业进入起步阶段（1978—1989年），旅游投融资多为政府拨款，旅游项目以单体为主，资金规模较小；第二阶段，中国旅游业的快速发展阶段（1990—1999年），旅游业逐渐成为我国第三产业发展的重点，列为国民经济发展新的增长点，民间资本逐步进入旅游业，旅游投资来源渠道和旅游产品呈现多元化特征；第三阶段，全民投资阶段（2000年至今），旅游投融资呈现出资金需求总量大、投资项目综合化、投资主体多元化等特点。

现今，全域旅游理念深入人心，“旅游+”加速推进，旅游管理体制、旅游公共服务、旅游市场监管、产业融合发展方面成效显著。中国旅游业的接待规模和国际竞争力大幅度提升，对世界旅游业的影响和贡献日益突出。我国继续保持世界最大的国内旅游消费市场，世界第一大出境旅游客源国和第四大入境旅游接待国地位。政府通过创新政策供给、加大财政引导资金等，使投融资环境得到明显改善。大量社会资本、民营企业快速转向投入旅游业，不仅为资本自身找到新商机，也进一步丰富了旅游产品，增加了旅游消费多样化选择。此外，互联网时代到来，助推了大众化旅游消费快速发展。

2. 旅游业投融资的总体规模

从 2011 年至 2019 年这几年来看，2019 年国内游投资金额为 10000 亿元，2011 年、2014 年和 2016 年这 3 年的投资金额超过 100000 亿元，分别为 177640 亿元、130900 亿元和 195250 亿元（见图 6–1）。

图 6–1　2011—2019 年国内旅游投资金额

数据来源：艾媒数据中心

当前旅游投资的主要特点呈现为：民间投资主体地位稳固，多元投资格局基本形成；景区投资保持稳定，新业态投资增速加快；东部地区是投资热点，西部地区投资增速最快；投融资模式不断创新，PPP 模式加快发展；产业投资基金快速增长，新业态投资备受青睐；旅游企业加速整合，并购重组类投资表现突出。旅游投资热点领域主要包括乡村旅游投资持续升温、大型综合类项目成为资本新宠、在线旅游投资热度不减、新业态投资潜力巨大。

3. 旅游业投融资的结构特征

从整体格局来看，东部地区是投资重点，西部地区投资增速最快。旅游业已成为东部地区转方式、调结构的战略性先导产业。中部地区实际完成投资 2633 亿元，占全国的比重为 20.3%，同比增长 19.2%。西部地区投资洼地效应逐步显现，旅游投资快速增长。西部地区实际完成投资 3737 亿元，占全国比重为 28.8%，同比增长 37.7%。随着旅游基础设施和公共服务的改善，西部地区正日益成为投资者关注的新区域，后发优势明显。

从融资来源看，全国旅游投资延续民营资本为主、政府投资和国有企业投资为辅的多元主体投资格局。民营企业投资旅游业 7628 亿元，占全部旅游投资的 58.7%，投资热点从房地产业向旅游综合体及文化旅游转变。政府投资和国有企业投资分别为 2484 亿元和 1945 亿元，分别占全部旅游投资的比例为 19.1% 和 15%。政府和国有企业依然是旅游投资的重要主体。股份制企业投资快速增长，占全部旅游投资的 1.5%，同比增长 62%。外商投资和其他企业投资分别占全部的 1.5% 和 4.2%。

从投资流向来看，旅游景区项目投资继续增加，实际完成投资 7371 亿元，占全部旅游投资的 56.7%，比重最大。旅游基础设施类投资 1122 亿元，占全部旅游投资的 8.6%，同比增长 19.8%。旅游购物项目投资 872.8 亿元，同比增长 24.4%，增幅最大。

从业态分布来看，资金流向主要集中在文化旅游、生态旅游、乡村旅游及温泉滑雪、低空飞行和工业旅游等新型业态。其中，旅游投资热点领域当属“乡村旅游”。2016 年，全国乡村旅游接待游客 22 亿人次，约占国内旅游接待总量的 1/2。乡村旅游投资规模不断扩大，投资内容从观光农业等相对单一产品向综合业态发展，休闲农庄、特色小镇、乡村民俗和精品酒店等投资快速增长。

随着我国景区旅游需求的快速增长和国内消费升级的快速发展，景区企业也将逐渐深耕细分市场，包括中国特色冰雪旅游发展模式初步形成；避暑旅游由概念成为政府、企业共识和行动；夫子庙等景区为代表的研学游持续升温；主题公园为满足国民大众旅游体验需求持续发力；旅游演艺行业龙头在深耕国内的同时，尝试海外发展；特色小镇迎来转型期，回归理性，健康可持续发展。随着国家“一带一路”倡议、城镇化战略、美丽乡村建设、万众创业大众创新及减税惠民政策的深化实施，旅游投资空间与领域不断扩张。加上特色小镇的建设推进，旅游特色小镇的投资呈现良好趋势。

（二）旅游特色小镇的投融资模式体系

特色小镇的建设是社会多方资源对接、配合的综合表现，融资主要来自政府资金、政策性资金、社会资本、开发性金融和商业金融五种渠道。多个投资平台的参与，在缓解政府财政压力的同时，可以为特色小镇的发展提供强有力的资金支持，从而盘活小镇特色产业的发展。

1. 差异化投资主体结构

（1）开发性金融发挥“特殊作用”

在特色小镇建设中，开发性金融主要承担长期融资的任务，针对“瓶颈”领域，提供大额长期资金，主要包括基础设施、基础产业、特色产业等领域的建设资金问题。

为了深入贯彻国家关于推进特色小镇建设的精神，发挥开发性金融对新型城镇化建设的独特作用，积极引导和扶持特色小城镇培育工作，中国开发性金融促进会等单位共同发起成立“中国特色小镇投资基金”。投资基金采取母子基金的结构，母基金总规模为500亿元人民币，未来带动的总投资规模预计将超过5000亿元达到万亿级别，主要投资于养生养老、休闲旅游、文化体育、创客空间、特色农业等特色小镇。

中国特色小镇投资基金将聚集并整合地方政府、建设单位、财务投资人、产业投资者、金融机构等多方资源，推广运用并探讨创新政府和社会资本合作（PPP模式），从特色小镇的发展规划入手，培育和建设市场信用，引导各类资金和资源投入小镇建设。

（2）政府资金发挥“杠杆作用”

政府资金在特色小镇的融资渠道中起着引导和牵头作用。国家发展改革委等有关部门对符合条件的特色小镇建设项目给予专项建设基金支持，中央财政对工作开展较好的特色小镇给予适当奖励。

（3）政策性资金发挥“推力作用”

政策性资金是指国家为促进特色小镇发展而提供的财政专项资金。中国农业发展银行要将小城镇建设作为信贷支持的重点领域，以贫困地区小城镇建设作为优先支持对象，统筹调配信贷规模，保障融资需求。开辟办贷绿色通道，对相关项目优先受理、优先审批，在符合贷款条件的情况下，优先给予贷款支持，提供中长期、低成本的信贷资金。

（4）社会资本发挥“主体作用”

在特色小镇建设中引入社会资本，不仅有利于缓解政府财政压力，提高特色小镇的建设效率，对民营企业来说，可以获得直接或衍生利益。浙江特色小镇建设推介会促进社会资本参与，仅在2015年第三届世界浙商大会上，就有多达24个涉及特色小镇的PPP项目在现场签约。

（5）商业金融发挥“促进作用”

在特色小镇的建设中，往往通过PPP融资途径实现商业金融，作为投资主体的商业银行，既要成为PPP项目服务商，又要成为规范者和促进者。

浙江金华成泰农商银行就是支持特色小镇的典范。2016年，金华成泰农商银行与曹宅镇开展全面合作，并将其列为年度重点工作。金华成泰农商银行曹宅支行成为该特色小镇唯一合作银行，主要配合当地政府做好引进新企业、发展特色产业、整村征迁等相关工作，并根据特色小镇的实际需求和项目建设进度，推出特色信贷融资产品和特色服务，打造配套特色小镇的特色支行。目前，该行对辖内规划或建设中的

11 个特色小镇提供信贷服务支持基础设施建设，并对相关产业经营户、种养户、农业龙头企业等，以纯信用、家庭担保、商标质押等多种方式予以资金支持，累计支持 1034 户，授信金额 5770 万元。

2. 依托主导资本的投融资模式体系

一般旅游项目所涉及资本根据市场投资主体可分为：政府资本、间接融资资本（以银行为代表）、企业自有资本和多层次资本市场（直接融资资本）四类。总体来说，资源保护性强、资金投入量大而盈利能力弱的旅游项目，往往以政府资本支持为主。项目筹资的市场进程中，资本市场逐步涉入，资本运营也会从政府主体延伸到企业主体等综合形式。

根据旅游项目划分标准，构建以主导资本为划分标准的旅游特色小镇投融资模式体系，包括政府资本主导型、私有资本主导型、资本市场主导型及综合型的项目投融资模式。

（1）政府资本主导型投融资模式

①内涵。政府作为主要投资主体发挥基础性作用。一般情况下，旅游项目具有资源优势强而开发难度大、投融资渠道单一、筹资难度大等特点，其投资重点主要为完善公共服务基础设施与旅游服务设施、开发重点旅游项目资源、发挥政府导向功能适度调动市场积极性。

②构成要素。采取政府主导、适度引入市场参与的方式。该模式强调在投融资环境不利的前提条件下，优先选择核心资源进行阶段性开发，投资过程具有风险大、收益低、资本回收周期长等特点，需要政府作为投资主体率先投资，在一定的时期内弱化市场的盲目性和逐利性，充分发挥导向作用。在非核心环节，政府需引入市场资本尤其是大型企业集团的资本优势，通过市场参与解决项目资本量需求，提升资本利用效率，创新项目管理理念。

③投融资目标。集中政府资本优势优先开发重点旅游资源，以重点旅游资源为核心，由点到面，逐步完善旅游项目服务设施与公共服务设施等，保证项目开发的有序性，为项目开发打下良好基础。

④运营机制。政府资本主导型投融资模式所适用的项目对资金、人才、制度和技术方面的资本投入都有要求。在项目开发中要综合考虑政府资本的政策优势和稳定性优势，同时制定一系列激励政策鼓励市场投资主体参与。在项目运作中，通过政府指引作用，避免市场盲目竞争开发；运用市场化运作模式，促进旅游特色小镇旅游项目资本的有效配置等。

（2）私有资本主导型投融资模式

①内涵。这里的私有资本主导型模式属于“资本送上门来找项目”，不同于政府主导的政企合作模式，主要以实力雄厚的私有资本为基础。根据市场需求和企

业发展战略决策，选择合适的旅游项目开发经营方向与内容。

②构成要素。这种模式开发旅游特色小镇项目来源于开发主体的主营业务收入等，但不意味着投资者一人来完成，只是以企业资本为担保，采取多方合作的方式为企业筹措资金，借助公司平台的融资渠道和以银行为核心的间接融资渠道。

③投融资目标。简单来说，是通过寻求市场需求，或把握政府政策导向，通过创新形式，打造市场导向型的旅游项目。企业开发运营的旅游特色小镇的旅游项目主要实行资本集中式管理、项目统一化经营，从而保证旅游项目在市场机制下的灵活运转能力，较前一种要更为自主。

④运营机制。采取自主经营、自负盈亏的运营机制。市场导向以实现利润为主，其他投资主体则根据出资配比，实现收益，如股东收取股利和分红、债权人收取债务利息等。

（3）资本市场主导型投融资模式

①内涵。借助资本市场进行融资，通过资本证券化，发行股票、债券、旅游专项基金等方式进行直接融资。

②构成要素。以项目资产为基础，通过资本市场筹集社会资本及境外资本。开发主体在资本结构中占据小部分份额，承担稳定支撑性作用，社会资本在于满足项目资本量的需求，基本不参与旅游项目投融资的实际决策过程。

③投融资目标。打破旅游项目的资金约束问题，减轻项目开发主体资金压力，丰富资本结构的同时，降低了间接投融资带来的风险。

④运营机制。以项目为核心，通过物化资本，采取租赁经营、股权分立、资产重组、交易转让等优化路径，提高资本运营效率和效益。这种模式下的资本经营活动，倾向于轻资本的道路，通过收益的循环用以回馈各投资利益相关主体。

（4）综合型投融资模式

①内涵。旅游特色小镇的旅游项目筹资主体落实到具体项目，以各大旅游项目为载体，进行直接投资。通过市场的资源配置功能，丰富旅游项目投融资的主体结构，还要利用旅游项目投融资结构刺激新的市场需求，引导特色小镇旅游的开发方向，从而形成高品位的旅游项目，以好的旅游产品来满足市场的需求，以此来达到投融资主体利益的诉求。

②构成要素。以旅游项目为筹资载体，采取企业自主、政府调控的方式。其路径主要是开发主体发掘特色小镇的具体旅游项目，再充分利用市场机制，结合政府的宏观导向功能，在小镇的整体区域内进行资源的合理配置。

③投融资目标。这种投融资模式的目标就是实现综合效益的整体提升，通过旅游项目的投融资实践，开发经营活动，塑造项目品牌，以此满足特色小镇中旅游项目的利益相关者诉求，最终实现综合效益优化与提升。

④运营机制。强调项目的重要性，注重特色小镇开发过程中的各利益相关主体间

的协调性，包括资源合作优势、风险共担等。在开发经营中，各利益主体一般合作组成项目公司，有针对性地进行开发经营活动，采取所有资本集中管理，用市场化手段实施运营。

（三）旅游特色小镇投融资的 PPP 模式

1.特色小镇投融资安排建议

（1）产业布局合理，充分利用资源禀赋，避免沦为房地产开发

特色小镇的建设应当充分发掘地方资源禀赋，发挥产业优势，追求长远价值，发挥产业的人口吸附能力，而非短期现金流。在国家地产调控政策越发严峻的今天，四五线城市的地产开发已经陷入困境，而大多数小镇往往存在于五六线城市中，单纯的地产开发很难满足高周转、去库存的压力，无法带动小镇实现长远发展。

（2）实施主体明确，政府平台公司、投资机构、产业运营商形成利益共同体

特色小镇的投资建设存在周期长、投入高的风险，纯市场化运作难度较大。因此需要地方政府的财政支持及信用背书，作为项目的启动引擎。同时，由于特色小镇的建设避免空心化，产业为核心，产业运营商处于核心位置，其运营能力直接影响小镇价值的提升。而特色小镇产业化的核心是金融，专业投资机构的进入，是为项目策划、规划、建设、运营进行量化测算，是资本认可与资本投入的关键。因此，三方的作用对特色小镇的建设缺一不可，三方必须进行利益捆绑，发挥各自优势，在特色小镇的平台上共同运行。

（3）资本早期介入，长远布局，充分发挥资本市场力量

对特色小镇的 PPP 模式而言，资本越早介入越好。在项目资本金阶段，需要政府产业基金做引导，获得产业资本方的支持。在开发建设阶段，国开行及商业银行的贷款是项目顺利进行的关键。在项目成熟阶段，需要以证券化的形式退出，实现资产的估值溢价，完成本轮投资。

2.PPP 模式助力特色小镇建设

（1）PPP 模式建设特色小镇优势分析

第一，缓解地方政府债务压力，产生补短板、调结构效应。当前，我国以需求拉动经济增长的空间有限，推动以政府引导、社会资本广泛参与的特色小镇建设，在建设形态上不搞“大而广”，坚持“一镇一风格”，从而以较少的财政资金撬动庞大的社会资金。少花钱、多办事、办好事，推动经济新旧动力切换，既可以达到稳增长的目的，促进投资与消费并举，也可以起到补短板、调结构，助推经济去杠杆的独特效应。

第二，发挥要素集聚和扩散作用，降低和分散投资风险。我国未来经济增长的两

大引擎是创新及公共产品和服务，PPP 模式是两者的混合动力。政府通过公开招标的方式引进综合实力较强的企业参与特色小镇建设，对投资、建设过程中相关责任边界进行明确划分。基于当前 PPP 模式的推广与成熟，社会资本可以以自身先进的技术和灵活的管理经验，通过集约、节约、绿色的发展模式，提高特色小镇建设的效率和效益，扭转各类资源过度向行政等级高的城市中心区集中的局面，从而提高小镇的凝聚力，吸引更多的人才参与区域经济发展。

第三，扩大社会资本的投资领域。在经济新常态下，民间投资增速减速明显，社会资本通过投资特色小镇，除了可以获得直接的经济利益，还可获得其他衍生利益。例如，参与特色小镇的商业设施和公共服务设施的日常经营和管理，获得较为合理的经营性收入。

（2）PPP 模式建设特色小镇的具体路径

第一，依托项目，打造一体化的运营平台。特色小镇不同于以往行政区划单元上的乡镇建设，也不是工业园区、经济开发区、旅游区等功能的简单叠加。随着经济下行压力的加大，当前，一些地方政府急于招商引资，社会资本急于寻找投资机会。实践证明，当双方都对促成一个项目有紧迫性要求时，容易导致项目建设“易”而运营“难”。

第二，发展特色小镇的关键是要解决当前城镇化建设缺乏“特色”。它本质上没有行政建制、“非镇非区”，必须从战略规划层面按照创新、协调、绿色、开放、共享的发展理念，避免生搬硬套地把一些产业化项目或传统小镇“包装”成特色小镇项目，“贪多求全”很难抓住重点做特、做强。

第三，在保留区域自然禀赋、特定人文底蕴等作为项目标的的基础上，联合规划设计，通过对不同专业机构的导入，以缔约形式破除原有模式的各种利益壁垒，形成“产、城、人、文”一体化的运营平台。

第四，定位精准，构建灵活的体制机制。欧美国家的特色小镇无一不与其相应的“产业生态位”紧密相关，把吸引各类人才放在突出位置。特色小镇不是一般意义上的工商企业，也不是政府公益性项目，必须因地制宜，从建设、运营、管理等全流程定位准确、机制合理。要充分发挥市场主体作用，在产业谋划与定位上突出自己的比较优势，打造一种“小而精、小而美、小而优、小而特、小而强”，或是旅游业，或是养老产业，或是手工艺产业等产业生态圈，实现城镇化与服务“三农”的产业化融合。在项目的筛选上，不能只体现一个“快”字，还要能留得住人，提供较为完善的配套服务，以产业促就业，以就业提人气，以人气促兴旺。

第五，金融支持，形成利益主体的有机融合。供给侧一端的金融企业应发挥自身的优势，把银行信贷、保险、基金、风险投资、私募融资等金融创新元素与项目设计有机融合，不断降低市场参与主体及信息获取成本，促进社会各方利益主体形成共识。

PPP模式过程管理涉及项目识别、模式选择，不仅包含传统的可行性分析论证，还形成一系列的政策体系保障，从而提供精准服务。在项目确定的开始就要使政府与企业确定双方责任，签订合同，因为合同是规范政府和社会资本双方行为的准绳。合同内容大致覆盖资源、资产、资本融合等多层次、多渠道，要明确特色小镇建设的目标导向，对特色小镇的项目决策评价体系真正做到“物有所值”。其中，优质项目优先受理、优先审批，唯有理念到位、规则到位、能力到位，才能有效破解发展难题，增加发展动力，厚植发展优势。

（四）旅游特色小镇投融资的保障机制

1.创新小城镇投融资的保障机制

特色小镇基础设施建设投融资创新不仅涉及理念的转变，还关系模式的转型及路径的出新，是一个战略性、全局性、系统性的变革过程。新型投融资方式不再是政府单方面的投入，更强调政府的引导和调度，创造有利于融资创新的体制机制和政策环境，由此建立多元化、多层次、多渠道的融资体制，以保证建设资金的持续性。因此，要着力破除体制机制障碍，进一步研究一定有利于创新的政策措施，完善市场监管体系。

积极争取国家支持，允许在特色小镇建设融资方面先行先试。梳理特色小镇建设的思路，总结经验，寻找共性与普世价值，努力争取支持，允许在金融方面进行融资创新。在此基础上，与国内外相关金融机构合作，通过直接融资和间接融资，探索特色小镇建设融资的新模式，并努力将其打造成拉动经济增长、社会进步的推动剂。

明确政府融资管理部门，建议成立由国家发展改革委、财政、金融办、住房城乡建设部等部门共同参与的融资管理委员会，主要负责领导特色小镇融资活动，并对债务活动合理监管，进一步结合实际情况，制订适宜的政府融资计划。

加大对各级融资平台的扶持，在理顺管理体制、加大整合力度的基础上，把融资平台进一步做强、做实，丰富融资渠道，并保证其在特色小镇建设中的引领作用，同时建立健全“借、用、管、还”机制，提高特色小镇建设项目的市场化融资能力。

出台特色小镇融资扶持政策。推出推进特色小镇融资工作方案及其配套政策，明确不同时期的工作目标，建立特色小镇的重大项目工作机制。针对支持特色小镇基础设施建设、产城结合、产业发展等方面，建议政府指定相关部门梳理特色小镇工作思路，详列重大项目清单，并建立工作小组，可以跨部门指导并落实重大项目的建设。

2. 旅游特色小镇投融资的政策保障

（1）旅游产业投融资的政策保障

①政府创新政策供给。国务院印发《“十三五”旅游业发展规划》（国发〔2016〕70号），国务院办公厅印发《关于进一步促进旅游投资和消费的若干意见》（国办发〔2015〕62号）；中共中央、国务院印发《关于深入推进农业供给侧结构性改革加快培育农业农村发展新动能的若干意见》（中发〔2017〕1号）；国务院印发《关于深入推进新型城镇化建设的若干意见》（国发〔2016〕8号）；国务院办公厅印发《关于进一步激发社会领域投资活力的意见》（国办发〔2017〕21号）；国土资源部联合住房城乡建设部、国家旅游局印发了《关于支持旅游业发展用地政策的意见》（国土资规〔2015〕10号）；国家发展改革委、国家旅游局印发了《关于实施旅游休闲重大工程的通知》（发改社会〔2016〕2550号）等旅游发展利好政策频频出台，为旅游投资提供了良好的政策环境。

②政府不断加大财政引导资金。2020年2月，国家发展改革委印发了《“十三五”时期文化旅游提升工程实施方案》（发改社会〔2017〕245号）的通知，2020年第一批中央预算内投资，共安排57亿元，支持485个公共文化服务设施、国家文化和自然遗产保护利用设施、旅游基础设施和公共服务设施建设项目。至此，“十三五”时期已累计安排中央预算内投资278亿元，包括文化项目共61亿元，遗产项目共97亿元，旅游项目共120亿元。2020年5月，国家发展改革委下达文化旅游提升工程2020年第一批中央预算内投资4.1亿元，用于支持我国南疆四地州深度贫困县的41个旅游基础设施项目建设。

③政府为了增强投资活力，不断鼓励民间资本加入投资领域。连续两年，文化和旅游部举办了中国旅游投融资促进大会，对投资中国旅游业百亿元以上的民营企业家颁发“中国旅游产业杰出贡献奖”，推动中国旅游集团牵头设立总规模500亿元的中国旅游产业基金，鼓励各省市设立旅游产业投资基金。文化和旅游部还与国家开发银行等12家金融机构签订战略合作协议，“十三五”期间将为旅游产业发展提供2.1万亿元信贷支持。与12家金融机构联合推出1397个全国优选旅游项目，总投资1.6万亿元，落地优选项目总批贷金额1040亿元。

旅游政策红利加快释放，旅游业的战略性地位日益凸显。中国旅游业已经迎来新一轮的发展黄金期，消费大众化、需求品质化、发展全域化、产业现代化、竞争国际化的发展趋势已经逐步显现。

（2）特色小镇投融资的政策环境

特色小镇的投资建设，呈现投入高、周期长的特点，纯市场化运作难度较大。因此需要打通三方金融渠道，保障政府的政策资金支持，引入社会资本和金融机构资金，三方发挥各自优势，进行利益捆绑，在特色小镇平台上共同运行，最终实现特色小镇的整体推进和运营。

鼓励多渠道对特色小镇的金融支持。国务院印发了《关于深入推进新型城镇化建设的若干意见》（国发〔2016〕8号），其中提出强化金融支持。专项建设基金要扩大支持新型城镇化建设的覆盖面，安排专门资金定向支持城市基础设施和公共服务设施建设、特色小城镇功能提升等。鼓励政策性银行创新信贷模式和产品，针对新型城镇化项目设计差别化融资模式与偿债机制。鼓励商业银行开发面向新型城镇化的金融服务和产品。鼓励公共基金、保险资金等参与具有稳定收益的城市基础设施项目建设和运营。鼓励地方利用财政资金和社会资金设立城镇化发展基金，鼓励地方整合政府投资平台设立城镇化投资平台。支持城市政府推行基础设施和租赁房资产证券化，提高城市基础设施项目直接融资比重。

鼓励多渠道投融资创新。国家发展改革委在《关于加快美丽特色小（城）镇建设的指导意见》（发改规划〔2016〕2125号）中提出创新特色小（城）镇建设投融资机制。鼓励政府利用财政资金撬动社会资金，共同发起设立特色小镇建设基金。鼓励开发银行、农业发展银行、农业银行和其他金融机构加大金融支持力度。鼓励有条件的小城镇通过发行债券等多种方式拓宽融资渠道。

政策性信贷资金支持范围。住房城乡建设部、中国农业发展银行《关于推进政策性金融支持小城镇建设的通知》（建村〔2016〕220号）中对政策性信贷资金支持的范围做了明确规定。在促进小城镇公共服务完善和特色产业发展的背景下，政策性信贷资金主要支持小镇基础设施配套、小镇公共服务设施和产业支撑配套设施三方面的建设。

（3）产业政策与政府导向

2016年，住房城乡建设部、国家发展改革委、财政部发布了《通知》，提出特色小镇发展目标为到2020年培育1000个左右的特色小镇，并明确指出了特色小镇的建设要求为建设各具特色、富有活力的休闲旅游、商贸物流、现代制造、教育科技、传统文化、美丽宜居等特色小镇。这一通知的发布，掀起了全国小城镇建设浪潮。

该通知对特色小镇的建设原则也提出了具体要求：坚持特色突出、坚持市场主导坚持深化改革；全面提升特色小镇的特色资源优势与潜力，完善基础服务设施；坚持发挥市场主导作用，重在政府平台建设，壮大新兴产业，打造创业平台。由此可见，特色小镇的建设中，政府需发挥主导作用，重在为平台搭建提供公共服务，同时要加强市场在特色小镇中的主导作用，建立市场化投资体系，鼓励各类市场机构参与。

要求特色小镇的建设必须权责分明，明确具体实施主体，应以县级人民政府为责任主体，制定相关支持政策与保障措施，整合项目资金的落实，完善特色小镇建设的体制机制，统筹安排。在以县政府为主体的工作体系中，镇人民政府应当做好相关的实施工作。同时，国家发展改革委等有关部门为符合条件的特色小镇建设项目申请专项建设基金，财政部将对工作开展较好的特色小镇给予适当奖励资金。在明确实施主体及相关职能、资金鼓励政策之外，还需要明确组织领导的相关责任。特色小镇的建设，原则上应当以建制镇为主（县城关镇除外），优先选择国家重点镇，省级住建、发改、财政部门按一定数量向三部委推荐，由三部委确定相关名单。

各省市政府部门为推动特色小镇建设，制定了相关金融支持政策。以浙江省为例，中国人民银行杭州中心支行、浙江省特色小镇规划建设工作联席会议办公室联合发文，提出特色小镇建设，应当拓宽融资渠道，鼓励贷款、理财、基金、信托、融资类金融机构加入特色小镇 PPP 项目；同时鼓励金融产品的创新，如产业链融资、创新融资，文化与金融结合等多种产品加入；要求完善支付体系，加大支付基础设施建设，提供非现金支付业务应用等；优化网点布局，同时加强银行网点、专营机构等多方合作，加大政策扶持力度，优化特色小镇金融生态环境，加强货币政策工具引导、信用体系建设等。这些金融举措鼓励各类社会资本积极参与特色小镇建设，同时为特色小镇的运营营造更好的金融环境。

二、旅游特色小镇开发与运营思路

特色小镇是指依托特色产业和特色环境因素，打造具有明确产业定位、文化内涵、旅游特征和一定社区功能的综合开发项目，是集合了旅游景区、消费产业聚集区、新型城镇化发展区，“产、城、乡”一体化的新型城镇化模式。

旅游业已发展到全民旅游和个人游、自驾游为主的全新阶段，作为综合性产业，其在经济社会发展中发挥的作用和影响更加广泛。传统的以抓点方式为特征的景点旅游模式，已经不能满足现代大众旅游发展的需要，因而必须从过去单纯的景区游、景点游，发展为打造全景化、全覆盖、全时空、全民参与的全域旅游“景区”。相对传统旅游形式，全域旅游在交通规划、农林牧副渔等产业发展上都引入旅游发展理念，将交通打造成风景走廊，将农业打造成休闲农业、农庄等。

特色小镇在全域旅游推进中可以说是恰逢其时。发展全域旅游是产业小镇和美丽乡村建设的新载体，产业小镇和美丽乡村建设是发展全域旅游的重要依托。因而，旅游特色小镇的发展应把产业小镇、美丽乡村建设融入全域旅游发展中。

（一）旅游特色小镇开发动因

1. 政策发展的必然结果

（1）新型城镇化政策

新型城镇化建设是党的十八大提出的一种方针，而城镇化是现代化的必由之路，也是乡村振兴和区域协调发展的有力支撑。党的十九大报告提出，“以城市群为主体构建大中小城市和小城镇协调发展的城镇格局”。2019年的《政府工作报告》提出，“提高新型城镇化质量”“新型城镇化要处处体现以人为核心”。可见，优化布局、提高质量等都是推进新型城镇化建设需要深化认识的重要方面。

2014年，中共中央、国务院印发了关于国家新型城镇化的相关规划，提出了以城市群为主体形态，推动大中小城市和小城镇协调发展；以综合承载能力为支撑，提升城市可持续发展水平；以体制机制创新为保障，通过改革释放城镇化发展潜力，走以人为本、四化同步、优化布局、生态文明、文化传承的中国特色新型城镇化道路。规划把坚持“生态文明”和“文化传承”作为新型城镇化建设的重要原则，充分显示了我国现阶段社会发展理念的重大转变，也更加有利于新型城镇的“旅游化”发展。

旅游小镇作为促进产业提升、加速产业融合、实现扶贫扶农、推动新型城镇化发展的重要途径之一而成为新的发展趋势。2016年1月，国务院办公厅发布的《关于推进农村一二三产业融合发展的指导意见》(国办发〔2015〕93号)明确提出，要“建设一批具有历史、地域、民族特点的特色旅游村镇和乡村旅游示范村”。特色旅游村镇是以旅游产业为主导的小镇，是乡村旅游建设发展的重点。

2016年2月，国务院公布的《关于深入推进新型城镇化建设的若干意见》(国发〔2016〕8号)提出，发展具有特色优势的休闲旅游、商贸物流、信息产业、先进制造、民俗文化传承、科技教育等魅力小镇。

国家“十三五”规划纲要中明确提出，要“因地制宜发展特色鲜明、产城融合、充满魅力的小城镇”。国家发展和改革委员会结合国家“十三五”规划编制和新型城镇化建设，编制起草“十三五”规划纲要过程中，对“十三五”期间鼓励各地区培育发展特色小城镇进行总体安排，发展具有特色优势的魅力小镇，强化对特色镇基础设施建设的资金支持，支持特色小城镇提升基础设施和公共服务设施等功能，拟选择1000个左右条件较好的小城镇，积极引导扶持发展为专业特色镇。旅游小镇作为魅力小镇的典型代表，在国家推进特色小镇的建设中定将发挥重要作用。

(2)特色小镇政策

住房城乡建设部、国家发展改革委、财政部发布的《通知》提出，2016年7月到2020年，培育1000个左右各具特色、富有活力的休闲旅游、商贸物流、现代制造、教育科技、传统文化、美丽宜居等特色小镇，引领带动全国小城镇建设，不断提高建设水平和发展质量。

住房城乡建设部《关于做好2016年特色小镇推荐工作的通知》(建村建函〔2016〕71号)提出应根据各省(区、市)经济规模、建制镇数量、近年来小城镇建设工作及省级支持政策情况，确定2016年各省推荐数量。

国家发展改革委《关于加快美丽特色小(城)镇建设的指导意见》(发改规划〔

2016〕2125号）提出，2016年10月总结推广浙江等地特色小镇发展模式，立足产业“特而强”、功能“聚而合”、形态“小而美”、机制“新而活”，将创新性供给与个性化需求有效对接，打造创新创业发展平台和新型城镇化有效载体。统筹地域、功能、特色三大重点，以镇区常住人口5万人以上的特大镇、镇区常住人口3万人以上的专业特色镇为重点，兼顾多类型、多形态的特色小镇，因地制宜建设美丽特色小（城）镇。

住房城乡建设部、中国农业发展银行《关于推进政策性金融支持小城镇建设的通知》（建村〔2016〕220号）提出，2016年10月进一步明确农业发展银行对特色小镇的融资支持办法。建立贷款项目库，申请政策性金融支持的小城镇时，编制小城镇近期建设规划和建设项目实施方案且经政府批准后，可向银行提出建设项目和资金需求。

住房城乡建设部、国家开发银行《关于推进开发性金融支持小城镇建设的通知》（建村〔2017〕27号）提出，支持以农村人口就地城镇化、提升小城镇公共服务水平和提高承载能力为目的的设施建设；支持促进小城镇产业发展的配套设施建设；支持促进小城镇宜居环境塑造和传统文化传承的工程建设。

2. 特色产业的吸引力

旅游特色小镇作为特色小镇的一个独立门类，其旅游生产、旅居生活、绿色生态、人文塑造都是发展要点，且更注重旅游产品、业态的建设和营造。

以“旅游吸引核”为基础，通过游客的迁移，形成大规模的外来游客的聚集，游客聚集形成食、住、行、游、购、娱等多样化的消费结构，由此形成消费产业的聚集，构成旅游特色小镇发展的产业结构，带来大量的就业人口与服务人口。这些人口与居民结合，产生对特色小镇居住、交通、金融、文化等需求。旅游产业的“消费搬运”和“产业集聚”是旅游特色小镇形成的前提，“特色化”是旅游特色小镇建设的要点，“泛旅游产业整合”是旅游特色小镇发展的核心。旅游特色小镇的发展路径如图6-2所示。

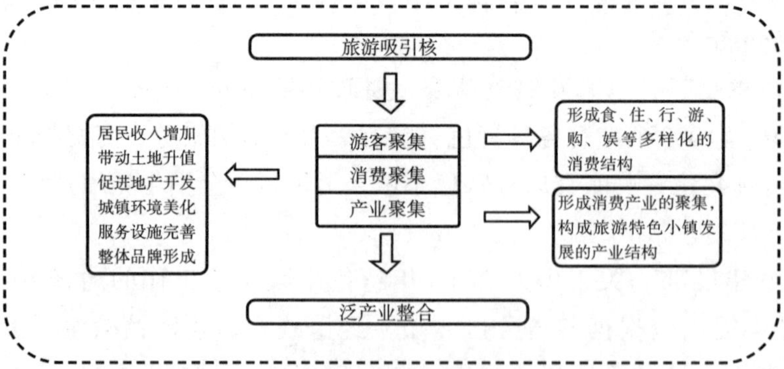

图6-2　旅游特色小镇发展路径

3. 旅游产业的转型升级

随着旅游市场的逐渐成熟，国民消费需求正在发生新的变化，文化性和休闲性成为旅游消费的新趋势。旅游特色小镇集合文化体验、娱乐休闲、旅游服务、度假生活方式等多重旅游功能。旅游特色小镇是传统旅游产品的重要支撑和补充，以文化旅游、文化产业和新型城镇化引领的综合休闲度假特色小镇开发正成为热点。旅游特色小镇建设应响应旅游消费的转型升级，更新旅游资源的开发观念，满足游客的多元化旅游需求。对旅游资源观赏度不强的旅游特色小镇，要以游客需求为核心，发展休闲度假，通过创意旅游产品开发和完善旅游产品功能等方式，增强旅游资源的吸引力。

观光旅游资源主要依托自然条件，而休闲度假资源则并非依托一定的自然条件，可通过产品设计，充分开发、发掘旅游资源的吸引力。由此，自然资源不是决定旅游特色小镇开发的必须因素，因而，旅游特色小镇的开发应摒弃传统的旅游资源观念，深层次挖掘当地资源潜力，提升产品品质，满足游客的多样性消费需求。

（二）旅游特色小镇建设的重要意义

1. 旅游特色小镇——城镇化建设的主要推手

特色小镇并非行政区划单元，而是一个面积在 3 平方千米左右，建设用地面积 1 平方千米左右的相对独立的区块。鉴于旅游特色小镇规模较小，其提供的就业岗位、消费集聚与经济辐射能力都无法与城市相提并论，但其发展却相对灵活，可以走特色化发展之路，以特色产业为根基，形成其他地区所不具备的竞争优势。旅游业是讲究特色且综合性的产业，与特色小镇的发展目标十分契合。因此，以旅游产业为主导的旅游特色小镇建设，是我国推进供给侧改革的重要方向和路径，要坚定不移地打好产业转型升级系列组合拳，切实改善供给、创新供给、有效供给，以新供给创造新需求和新经济增长点。

旅游特色小镇的建设发展，不仅是要发展休闲产业为带动的泛旅游产业，更重要的是创造产品，完善小镇吸引核的结构，形成旅游特色小镇发展的核心逻辑。由此，按照图 6–2 的发展路径所展示的内容，首先要提升人气，进一步推进旅游产业的聚集，从而创造出大量的就业岗位，形成一定规模的消费聚集和人口集聚，推进地产开发、交通建设和基础设施完善，进而为游客及旅游特色小镇居民配套金融、医疗、教育等社会公共服务体系，结合商业化服务，形成旅游特色小镇的建设全过程。

2. 旅游特色小镇——美丽中国建设的重要路径

“望得见山，看得见水，记得住乡愁”，这是对“美丽乡村”的最美期待，也是其特色所在。特色小镇要在“特”字上下功夫，在提升品质上化力气，进一步突出产业特色，真正把特色小镇建设成为创业创新的新平台、转型升级的新载体。

习近平总书记在十九大报告中指出："加快生态文明体制改革，建设美丽中国。"习近平指出："我们要建设的现代化是人与自然和谐共生的现代化，既要创造更多物质财富和精神财富以满足人民日益增长的美好生活需要，也要提供更多优质生态产品以满足人民日益增长的优美生态环境需要。必须坚持节约优先、保护优先、自然恢复为主的方针，形成节约资源和保护环境的空间格局、产业结构、生产方式、生活方式，还自然以宁静、和谐、美丽。"

新型城镇化是生态宜居、和谐发展的城镇化，旅游特色小镇的建设转变了城镇化的发展方式，将创新、协调、绿色、开放、共享发展理念融入其中。旅游经济是绿色开放共享的发展经济模式，旅游特色小镇的建设可以借鉴生态城市建设、新型城镇化等经验。

休闲与旅游环境氛围是旅游特色小镇发展的第一要义，也是吸引游客长久驻足的必要条件。其打造必须实现环境净化、绿化、美化的三化要求，由此需要把完整的生态基础设施作为支撑，借鉴海绵城市与生态城市建设的经验，包括城市河流、湖泊、池塘、沼泽等湿地景观的净化与活化，城市自然植被、园林植被、城市林业、城市农业及道路的绿化与美化，城市地表、建筑物、构筑物表面及道路等的特色化建设，以及山形、水系、风水、生态廊道等生态要素的有机整合。旅游特色小镇建设将是实现绿色生态城镇建设的新路径。

3. 旅游特色小镇——优化区域旅游产品供给结构

新常态时期，我国经济社会发展大多面临动力不足、结构失衡和效率失速等问题。鉴于此，很多省份将旅游业作为经济发展与转型升级的驱动型产业，以及宏观经济需求管理和供给侧结构性改革的重点领域，要求积极抓好旅游特色小镇产品创新和体制机制改革，这对于推进我国现今的观光游向休闲度假游转变、实施好"旅游 +"等战略具有重大的战略意义。

由于当前的旅游特色小镇发展还处于摸索阶段，如何探索出一条"旅游催生特色小镇，特色小镇成就旅游"的旅游城镇化道路是一大难点。

第一，立足本地的资源禀赋的旅游产品化。旅游特色小镇是游客文化体验和享乐体验的一类主要空间载体，是休闲度假时代的主要产品类型，应当找准本地文脉进行特色资源产品化，吸引旅游消费与享乐，推动旅游城镇化进程。

第二，保护地方文脉与地脉的生活化改造。所谓生活化改造，是旅游特色小镇居民生活质量和人居环境的提升，并注重对商业化的适度控制，保留原有生态系统的完整性和原真性。

第三，符合市场需求的体验化改造。旅游业已经发展到了全民旅游和个人游、自驾游为主的全新阶段。移动互联网时代和体验经济时代下，游客的个性化体验需求得到全面释放，推进旅游特色小镇的开发和建设，必将有利于优化区域旅游产品供给结构的转型和改革。

4.旅游特色小镇——带动城乡社会经济协调发展

新型城镇化是城乡统筹、城乡一体化的城镇化，而旅游是带动区域社会经济综合发展的高效良性产业群，旅游不仅仅是一种产业经济，还具有产业综合协调能力。旅游经济的本质是以“游客搬运”为前提，形成游客在异地的规模消费，从而实现“消费搬运”的效应，形成产业集聚，带动旅游目的地发展。

在旅游消费的拉动下，旅游特色小镇将形成综合性、多样化的消费经济链，居民的就业岗位得到增加，收入增加，人居环境美化，基础设施、服务设施不断完善，特色小镇品牌提升，将实现新型城镇化城乡社会经济的协调发展。

5.旅游特色小镇——传承地方文化特色

推进新型城镇化不能盲目克隆国外建筑，而要传承自身的文脉，重塑自身的特色。没有自己的文脉，形不成自己的特色，自身优势就发挥不出来，就会“千城一面”。

旅游特色小镇的建设强调的是独特的特色小镇脉络，注重对当地传统文化的挖掘与保护、继承与发展，只有体现地方性与唯一性，才能打造出旅游特色小镇的独特吸引核，形成富有吸引力的城市风貌与城市品牌形象。建设旅游特色小镇，将为新型城镇化发展提供保护文化多样性的一种新思路。

（三）旅游特色小镇未来发展趋势

1.主题文化的鲜明化

独特的文化是旅游特色小镇树立独特旅游形象、获得持续发展的重要因素。在旅游小镇的开发建设中必须注入特色的文化，以满足游客对文化的精神追求。在旅游产品开发过程中应引入文化元素，开发多样化文化旅游产品，形成文化旅游产业群；在空间意象的营造中，应将文化元素融入建筑、道路、装饰中，体现当地文化特色，营造可打动游客的文化意象，从而提升旅游特色小镇的认知度。在旅游发展过程中，特色小镇需引入艺术、商业、生态中的多元文化元素，通过创意发挥，以现代需求为核心去活化历史，激活文化，使传统文化向现代性转化。

特色小镇之特色的培育发展必须通过一个个的“产业”“项目”等实现。产业发展定位，即根据自身条件、竞争环境、发展需求等因素，合理确定发展的目标、重点打造的产业等，是特色小镇“特色”最集中的概括。文化特色是旅游特色小镇“特色”的核心和灵魂。特色小镇不仅是以舒适休憩与人居环境建设为基础、以特色新兴产业和历史经典产业培育壮大为目标的创业创新共同体，还是以文化特色形成与认同为支撑的“产、城、人、文”融合发展的新载体。相当一部分特色小镇发展茶叶、丝绸、黄酒、中药、青瓷、木雕、根雕、文房等历史经典产业，本身就是地域传统文化特色传承保护与区域社会经济发展相结合的生动实践。

特色小镇既是创新、协调、绿色、开放、共享发展的重要功能平台，也是一个生活中心和劳动中心。更具体点说，是一种气氛，一种特征，也是特色小镇独一无二、不可复制的“生命信息”“遗传密码”，是特色小镇最具魅力的文化特色，是维系特色小镇这个共同体的根和魂。与产业特色、生态特色、功能特色相比，文化特色是特色小镇更基础、更广泛、更深厚的特色。正是文化特色赋予产业特色、生态特色、功能特色丰富的内涵和鲜活的灵气。

2. 消费结构的多元化

泛旅游产业时代的到来，使旅游业与其他产业的融合成为可能。旅游市场的突出变化之一就是区域内原有的单一形态的观光旅游产品对游客的吸引力有所下降，游客对目的地的消费需求从浅层次、单一化的需求演变成涵盖旅游多个要素的综合需求。那些摆脱单一功能，能为游客提供独特而丰富的旅游体验的综合性旅游目的地越来越受欢迎。游客渴望在目的地获得集知识性、体验性、娱乐性为一体的多重旅游体验。消费结构的多元化促使旅游特色小镇的内部空间结构重新划分，以多重功能导向的空间布局成为一种发展趋势。同时，旅游特色小镇消费结构的多元化也给产业完善发展提供了机会，从而形成很高的附加值和溢出效应。①

消费需求的多元化既是游客消费意识升级、参与意识不断增强的结果，也是现代旅游消费心理发展的基本趋势。尤其是现代网络的发展，拓展了消费者的视野，越来越多的消费者寻求多渠道、多方式满足其旅游需求，传统的消费模式受到挑战。消费档次和结构的多样化需求，是未来旅游消费的重要发展趋势。因此，旅游特色小镇在进行产品开发时，需考虑不同的消费群体在消费层次、消费种类方面的多样化，依据不同的人群打造完善的产品体系，让尽量多的游客获得最大限度的满足，增加其主动驻留时间，为今后的可持续发展打下良好的基础和提供广阔的空间，这是旅游特色小镇未来发展的必然趋势。

3. 多元角色的互动性

我国旅游特色小镇的开发建设主要是政府主导，政府投入大部分资金，规划基础设施建设、土地流转、制定政策支持及配置社会各方资源。但是项目建成之后的运营管理、宣传营销、市场开拓都离不开企业的参与。旅游企业参与旅游特色小镇的开发运营，能更有效地与市场需求衔接，提高运营效率。同时，要在旅游特色小镇内营造良好的旅游氛围，保持良好的社会秩序，这需要社会各界的参与和支持。

4. 项目建设的体验性

在休闲时代，人们不再满足于简单的物质享受，更加注重精神愉悦的获得，使体

① 陶涛．以乡村旅游为导向的村庄规划策略研究[D]. 杭州：浙江大学，2014.

验之风盛行。把旅游产品的开发置于体验经济的背景下，迎合了时代发展的需要。游客的参与意识要求旅游特色小镇能提供更多的旅游项目，使游客能体会到作为参与者和主角的趣味。综合观世界各地经营成功的旅游小镇，凡是吸引众多游客甚至全球眼光的旅游项目都具有较强的体验性。例如，一些旅游特色小镇利用周边良好的自然环境，推出自驾游、森林观鸟、森林瑜伽等，将休闲体验的价值链不断延伸。参与性的设施、活动能将游客留在旅游特色小镇，并成为能产生较高消费的主要吸引物。因此，旅游特色小镇的发展趋势也需顺应消费者的需求，加强体验性、参与性旅游项目的建设。

5. 运营社群化

未来旅游特色小镇目标客群营销、产品迭代、活动管理、价格管理、会员服务、品牌推广等方面将呈现出圈层化、社群化特征，而这些社群会为特色小镇提供更好的支撑。

三、旅游特色小镇的开发与运营模式分析

费孝通在《小城镇大问题》中，从社会学的角度对小镇的概念进行了界定，他认为："小镇是一个社会实体，以非从事农业生产活动的居民主体组成，在经济、社会、环境方面层次高于农村，小镇既与农村存在差异，又与农村社区存在必然联系。"

我国已经形成了"小城镇"这一专有名词，近几年有学者进一步提出"小镇"概念，小镇涵盖的范围主要有三方面。第一，我国城市规划法中所规定的小镇主要是指建制镇，是一个地域范畴的概念；第二，在经济结构和社区参与等生活活动方面，小镇与城市存在很大差别，但与农村的社区生活相似性更大；第三，在地理学研究领域，小镇是作为农村聚落最高级别的概念。由此，小镇是指起到连接城市和农村的纽带作用的，具有一定经济和建筑规模的，主要由非农业生产人口在一定区域内聚集而成的社会实体。小镇兼有城市经济特点和乡村经济的特点，是城市到乡村的过渡性区域。

旅游特色小镇不是传统意义上的乡村，也不是传统意义上的小镇，而是一个以某种新兴产业或历史经典产业为基础，汇聚相关企业、机构和人员，具有某种要素集聚功能的区域，是一个功能再聚焦、人才再集聚的"重新联合或聚合"的新聚落、"产城融合共生"新型城镇化的重要实践形式，一种运营方式、建设方式、政府服务方式等体制机制再创新的创业创新共同体。

（一）旅游特色小镇的综合开发架构

1. 旅游特色小镇的打造要点

①落实城镇化的功能要求，构建"产、城、人、文"一体化的城镇。旅游特色小

镇以特色产业与泛旅游产业的整合为支持；大量就业人口及休闲化消费的聚集为动力机制；配套设施及服务的配置为基础依托；就业人口的居住建设与旅游人口的度假居住建设为居住配套；管理、金融、运营的创新为相关保障。

②发挥区域引擎综合效应，带动周边乡村城镇化。旅游特色小镇应注重产业培育、注重经营持续和注重区域带动三个方面。

③结合具体环境特征，打造生态宜居环境。旅游特色小镇遵循“不占耕地”的用地原则，“大力优化区域生态环境”的生态原则，“挖掘文化，打造美丽特色小镇”的文化原则。

2. 旅游特色小镇的开发架构

旅游特色小镇以特色产业引擎与旅游吸引核为中心，依托核心产业园区与休闲聚集区，形成产业延伸环、居住发展与社区配套网的综合架构。

（1）特色产业项目开发架构

特色产业项目开发具体落地架构（见图 6–3）主要分为产业配套导入与产业开发应用两个方面。产业配套导入主要分为科（产业科研基地）、教（教育培训园区）、文（产业博物馆）、其他（如康复疗养医院）等。产业开发应用包括产业本身（科技产业园、产业孵化园、双创中心、创想园等）；产业应用（应用示范园等）；产业服务（产业 + 贸易、产业 + 会议、产业 + 康养、产业 + 运动、产业 + 休闲娱乐等）；产业配套。

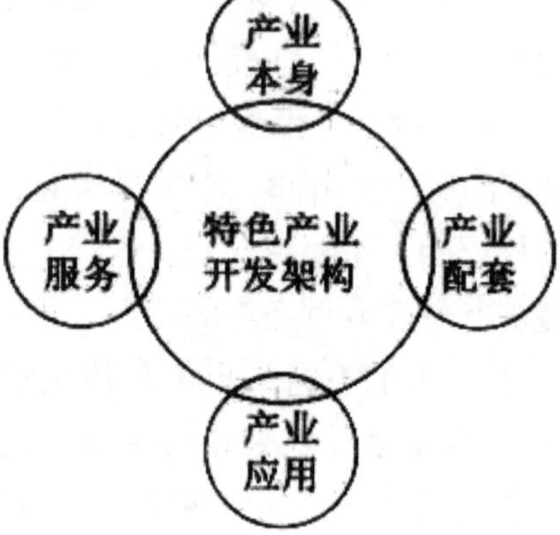

图 6–3　特色产业项目开发架构

（2）旅游产业项目开发架构

旅游产业项目以“旅游吸引核 + 休闲聚集 + 商街 + 居住”为开发架构模式（见图 6–4）。旅游吸引核包括特色项目吸引核（包括主题乐园、景区等）、风貌吸引核（包括古镇、艺术、创意等）、广场吸引核（包括激光水秀、火晚会等）、餐饮吸引核等；

休闲聚集包括餐饮聚集、酒吧与夜间聚集、创意客栈聚集等；商街包括创意工坊街区（如百工坊、百艺坊等）、娱乐游乐街区（演艺、洗浴、养疗等）、休闲街区与商业地产；居住包括就业与本地居民第一居所、大城市与周末居住第二居所、养老与度假居住第三所等。

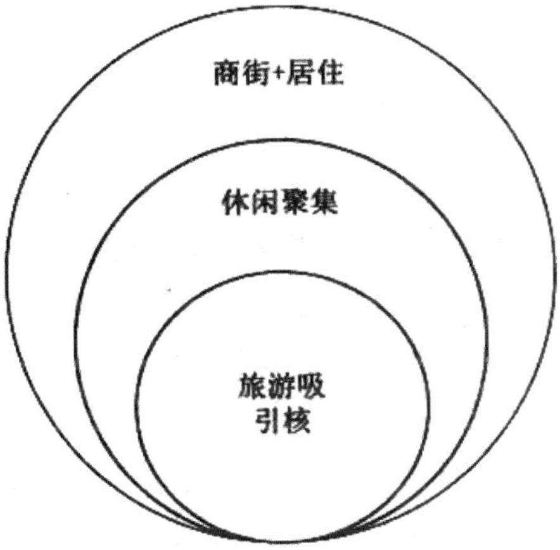

图 6-4　旅游产业项目开发架构

3. 旅游特色小镇的规划要点

（1）主题化开发

突出旅游特色小镇的特色，需要主题化打造手法。用一个核心主题体现整个旅游特色小镇的文化灵魂的主题特点，这是常规的手法。但主题文化不一定是单一主题，可以通过梳理文化，以打造主题文化为重点，多元文化整合、多种文化整合延伸形成旅游小镇，把多元文化景观化、建筑化、娱乐化。

（2）合理化布局

需求导向功能，功能导向产品。旅游特色小镇需具备观光、休闲、住宿、商业、娱乐、生活六大主体功能，功能是旅游特色小镇用地布局及旅游产品设计的依据。旅游特色小镇的功能分区、用地布局要围绕休闲活动及休闲游线展开。合理的功能分区、用地布局，搭建出旅游特色小镇的骨架，塑造出旅游特色小镇的形态，结合文化主题的历史和地域特征，形成旅游特色小镇独特的肌理结构。

（3）景区化设计

旅游特色小镇作为一个景区，有若干的景点，如入口景观、公园景观、节点广场，大型中心广场或者集散广场等。而景点之间的关系、景点布局、游线关系，把整个旅游特色小镇构成了一个景区概念。水系、绿植、林荫道、游步道等把景点串联起来，形成一个惬意轻松的环境，生活在其中的人们，节奏也慢了下来，而点缀其间的城市家具如灯箱、座椅、铺装、广告牌等，也应该充满着诗情画意。

（4）休闲化业态

休闲化业态聚集带动旅游特色小镇的人气与商气。目前，在休闲时代大趋势下，各种商业业态逐渐从传统趋向休闲，从时尚用品到户外运动装备，从休闲餐厅到主题酒吧，从SPA美容到健身俱乐部，从休闲画廊到数字娱乐，从旅游服务到度假酒店，休闲已不再只是消费行为的点缀，而是成为商业业态发展的大势所趋。

（5）特色化生活

旅游特色小镇与旅游景区的一大区别是其旅游休闲集聚结构延伸出多维的居住结构（城镇化人口居住、服务人群居住、度假居住等），针对性强的特色化生活方式是对多维居住结构受众的最大吸引力。我们可以通过对文化主题在旅游特色小镇食、住、行、购、娱、社会交往等物质生活和精神生活各个角度的延伸，营造和展示不同的生活模式，吸引游客并将生活方式形成新的景观。①

（6）信息化管理

旅游信息化是当前旅游业发展最为显著的特征。旅游资源整合、设施建设、项目开发、市场开拓、企业管理、营销模式、咨询服务等领域已经广泛应用现代信息技术，从而引发旅游发展战略、经营理念和产业格局的变革，带来了产业体制创新、经营管理创新和产品市场创新，改变了旅游产业的发展方式。总之，技术型融合使旅游业提高了技术含量，为旅游业注入了新的活力。

（7）完善的保障体系

依托于旅游特色小镇的多样性功能，设置旅游特色小镇的保障体系，应包括城镇发展保障体系（户籍、教育、医疗、就业、住房、社保、环境等）和旅游专项保障系统（发展资金保障、规划设计保障、旅游安全保障、医疗救援保障、营销体系保障、资源与环境保护等）。

4.旅游特色小镇开发模式

以旅游特色小镇的吸引核为依托，对其进行划分，可划分为两种开发模式：资源主导型和综合开发型。

（1）资源主导型

资源主导型的旅游特色小镇是指拥有较高知名度的旅游资源的特色小镇。这种类型的特色小镇因拥有长久吸引力的旅游资源而发展为旅游目的地，能够直接吸引游客的兴趣，相对数量较多、分布广。根据所依托的资源类型，又可以对其进一步区分。

①自然景观依托型。该类型的特色小镇拥有良好的自然资源，且自然环境优越、气候宜人，区域内或紧邻地区一般拥有品质较好的风景区，特色小镇的发展和风景区建设紧密联系，且以景区发展为基础。比如，武夷山风景名胜区、九寨沟景区带动的

① 王振坡，薛珂，张颖，等．我国特色小镇发展进路探析[J]．学习与实践，2017（4）：23.

武夷山市和九寨沟县。自然景观依托型小镇的开发要点在于加强自然资源和环境保护，控制小镇的承载力；自然景观不要做大范围的人为加工，开发重点应聚焦于完善交通、水电等基础设施，提升旅游中的餐饮、住宿等服务体系，对用地规模、建筑景观风格等方面进行管控，并且制定旅游承载力核算，严格限制游客数量、控制小镇核心区的规模和发展。

案例：兴坪镇位于桂林市东南，距阳朔县城25千米。兴坪镇依山傍水，风景荟萃，粉墙乌瓦石板小巷，是漓江沿岸最美的古镇，素有“桂林山水甲天下，桂林山水在漓江，漓江山水在兴坪”之说。兴坪镇利用自身资源优势，借助桂林旅游的大品牌大力开发观光旅游、生态旅游，成为旅游特色小镇。

②古城古镇依托型。古城古镇，特别是国家历史文化名城（镇），以其特色建筑、风水人情、民俗文化等，成为我国旅游小镇中的中坚力量，也是未来旅游特色小镇的核心力量。比如，乌镇、西塘等江南六大名镇。[①] 当然，古城古镇依托型的特色小镇需要注意的是同质化问题，也是当前我国古城古镇旅游开发所面临的“瓶颈”。如何挖掘自身特色，强化主题，形成鲜明的旅游形象和核心吸引力，是古城古镇依托型的特色小镇在旅游开发与品质提升中的关键点所在。此外，古城古镇的旅游在经历以“古”为特色的观光主导、以“商”为核心的商铺为主的阶段后，逐渐走出了以“夜”为核心的休闲及体验发展道路，也是未来古城古镇旅游开发所要重视的方向。由此，旅游业态应向休闲化打造，丰富旅游活动，使游客“留下来”“住下来”，那么，以夜景观光、夜间活动、夜晚休闲为核心的夜游项目，将成为古城古镇依托型的旅游特色小镇的开发重点。

案例：乌镇位于浙江北部桐乡市北端，与江苏吴江区接壤，西邻湖州市，完整地保存着原有的水乡古镇风貌和格局，梁、柱、门、窗上的木雕和石雕工艺精湛，真实体现了浓郁水乡风情和深厚文化底蕴。全镇依河成街，桥街相连，依河筑屋，河埠廊坊，过街骑楼，穿竹石栏，呈现一派古朴、明洁的幽静。在江南古镇中，乌镇开发相对较晚，旅游资源的保护和开发比较规范，全镇共分为传统作坊区、传统民居区、传统文化区、传统餐饮区、水乡风情区和传统商铺区六区，各区在空间上相互联系，在旅游形式和旅游功能上相互补充，体现了中国古典民居“以和为美”的人文思想，以其自然环境和人文环境和谐相处的整体美，呈现江南水乡古镇特有的空间魅力。

发展启示：因地制宜，打造资源主导型旅游特色小镇的吸引力核心。有旅游吸引核才会吸引游客，产生消费聚集，进而带动其他产业发展。旅游吸引核的设计对旅游特色小镇建设来说至关重要，自然景观、文化遗存、休闲度假要素、滨海滨湖、温泉等，均可作为旅游吸引核。

---

① 詹杜颖．品牌效应下的特色小镇构建研究[D].杭州：浙江工业大学，2016.

当然，并不是所有的资源主导型小镇的旅游业均能得到良好的开发，过度或者盲目地开发只会适得其反。原因有二：一是旅游资源质量高，但难以抵消区位条件的不利，进而吸引足够多的游客进入；二是资金的欠缺或投资回报期过长，难以吸引开发者。由此，对这类小镇，我们应积极保护好旅游资源，在条件改善或时机成熟后再进行科学合理的开发。

（2）综合开发型

综合开发型的旅游特色小镇可以是具有一定吸引力旅游资源的、区位条件较好的小镇，称为集聚型旅游特色小镇；也可以是具有良好的区位、交通或环境条件，能够依托周边的景区或旅游资源，自身形成一定的休闲集聚、旅游集散，从而成为旅游接待建设的重点区域，称为区位型旅游特色小镇；还有以特色产业为基础，依托行业发展，延伸旅游产业的繁荣，我们称为产业型旅游特色小镇。

①集聚型旅游特色小镇。这种类型的小镇或区位条件和旅游资源质量均很优越，如苏州周庄镇；或区位条件和旅游资源质量相当，如南京汤山镇。对于前者要做好旅游文章，形成地区旅游品牌；对于后者，宜以良好的区位为依托适度开发旅游业。

通常情况下，具有较好的区位优势与生态环境，适宜进行“商业 + 休闲 + 旅游地产”的开发（见图 6–5）。

图 6–5　集聚型旅游特色小镇的开发模式

第一，商业开发。一般以商业街或是商业区的形式呈现，汇集了当地的特色美食、民俗客栈、土特产店等。第二，休闲开发。要想把游客留下来，必须为他们提供不同于景区体验的休闲娱乐活动，尤其是夜间的，如民俗演艺活动，国内的印象系列、千古情系列等旅游演艺。第三，地产开发。依托于区位及生态环境优势，这类小镇往往受到地产商的青睐，既可开发商业房地产，又可开发度假地产，还可以采用分时度假模式，综合开发。①

案例 1：周庄镇位于苏州城东南 38 千米、昆山城 33 千米，是一个具有 900 余年历史的水乡古镇，澄湖、淀山湖和南湖环顾四周，河道成“井”字形，居民傍河筑屋，依山成街，拥有 14 座古桥，全镇 60% 以上的民居为明清建筑，至今仍完整地保存着原有的水镇建筑物及其独特的格局。小桥、流水、人家的江南风情浓郁，被誉为“中国第一水乡”，周庄镇经过历年开发，已经成为苏州乃至江苏的旅游精品。

案例 2：汤山镇，古名“汤泉”，因温泉而得名，已有 1500 多年历史，是中国

① 付岚岚．乡村振兴战略下产业特色小镇空间发展对策研究 [D]. 合肥：安徽建筑大学，2019.

四大温泉之一。汤山镇位于南京以东 24 千米，总面积 117 平方千米，区位优势得天独厚，距离禄口国际机场 40 千米，到上海、杭州、苏州、无锡、常州等周边城市都有高速公路直达。小镇内青山叠翠，绿水成湖，洞石奇观，是南京东郊著名的旅游胜地。温泉资源、旅游资源、矿产资源形成了汤山镇经济的优势。汤山旅游特色小镇的特点如下：

A. 主打温泉经济。温泉是汤山镇向世界展示其形象的一张名片。汤山镇依托温泉资源，大力发展以旅游、疗养、房地产等为主打的温泉经济，取得了良好的经济和社会效益。围绕温泉，汤山镇以汤、山、水等为主题，建设了多家温泉度假村、温泉浴馆等主题性温泉，并开发建设文化博物馆、养生、美容、医疗、运动等主题设施，强化汤山镇的旅游形象，使汤山镇成为炙手可热的温泉休闲旅游区，激活了汤山镇的冬季旅游市场，形成了冬季不淡的旅游局面。

B. 衍生产业链。随着温泉旅游的发展，汤山镇已经从最初的寥寥几家温泉酒店，发展到现在世界顶级度假品牌酒店云集，游乐、购物、体验、文化、科普等旅游产品汇聚的休闲度假胜地。汤山镇正在不断培育新的产业，兴起像颐和、御庭等一批在全国都很知名的温泉精品酒店及高端会所。汤山镇拥有世界级度假酒店品牌、现代高科技健康体验机构、购物娱乐餐饮场所、商务会展文化创意等，以温泉优势为核心，形成温泉旅游、休闲度假、会议会展和健康养生四大板块的产业聚集，延伸了温泉经济发展的产业链。

C. 完善产品体系。汤山镇温泉数量多，针对不同档次的消费者，提供了多样化的旅游产品。有圣泉温泉浴馆、美龄温泉山庄等定位为大众化旅游消费产品，也有为高端消费者提供的温泉产品，如南京汤山颐尚温泉度假村，度假村由露天温泉区和休闲酒店两部分组成。其中，露天温泉区又分为花草香浴区、土耳其浴区、巴厘岛风情区、罗马大理石浴区、养生中药浴区等 10 余个浴区，这些浴区突破过去的温泉疗养概念，以现代化、国际化视角，将温泉与异国风情、传统医药相结合，全面发挥温泉的养生功能，形成独特的休闲养生之道。除了主打的温泉产品，汤山镇还充分利用丰富的历史文化资源，建立以文化为主题的观光旅游区，还建有现代农业园、民俗村等，打造全方位的旅游产品体系。

②区位型旅游特色小镇。区位型旅游特色小镇是指具有良好的区位条件的小城镇，如位于城市近郊或交通干线上。该类型的小镇区位条件明显优于旅游资源质量，旅游资源吸引力一般不强，普遍存在诸如市场知名度低、游逗留时间短等问题，无论是资源的等级、资源吸引力还是资源特色性和中心城市相比都逊色一筹，处于其旅游阴影区。因此，我们应从完善城市空间布局和旅游功能分区的角度出发进行旅游开发，找准切入点，发展周末度假、小型会议、商务旅游、农家乐、农业体验旅游等，吸引短期游客。

案例：阳山镇位于无锡城西南15千米，是中国著名的桃乡，区位优越，近年来依托无锡经济的快速崛起和城市规模的迅速扩张，旅游业从无到有。该镇积极发展以火山岩地质为主，融合生态农业风光、农家乐休闲及郊野旅游的旅游业，旅游经济成为支柱。

③产业型旅游特色小镇。特色产业依托型是指依托特色行业产业发展形成的旅游特色小镇。比如，以会展旅游发展为宜居小镇的瑞士达沃斯、中国博鳌，还有以依托一类型产品形成的产业聚集，如云南瑞丽（玉石）、江西景德镇（瓷器）、浙江义乌（商贸）、横店镇（影视）。产业型旅游特色小镇的开发重点在于以泛旅游产业框架为基础，构建特色产业、旅游产业及其他相关产业相融合的产业集群，并形成旅游产业与特色产业的互动式发展道路，实现两者的共赢互惠发展。值得注意的是，特色产业是当地的主导产业，而旅游则实现了人群聚集和消费聚集，大大提升特色产业的附加价值，促进其产业的整合及健康、多元化发展。

案例：博鳌镇位于琼海市东部海滨，是一个半渔半农的集镇。自2001年国际会议组织——博鳌亚洲论坛将其定为永久性会址所在地，博鳌镇名声大噪，进入旅游跨越式发展时期，现已建成博鳌水城、博鳌旅游风景区等旅游项目，以其温泉玉带滩、三江入海口等优质旅游资源形成水中有岛、岛中有水，秀丽景色和名胜古迹集于一体的南国风光画卷。博鳌小镇已发展为海南旅游发展的平台，对提高海南旅游的国际知名度和美誉度发挥了重要作用。

发展启示：以旅游消费驱动促进旅游特色小镇的泛旅游产业的多元聚集和发展。随着游客旅游需求的不断增多，旅游特色小镇的功能布局也由单一化走向综合化，往往具有观光、休闲、度假、游乐、夜间娱乐、居住、集散、养生、运动等多种功能。因此，要结合具体的区域产业发展实际及发展需求，兼顾发展农业、教育业、交通运输业、制造业、邮电通信业、物资供销和仓储业等其他产业。

此外，在构建旅游小镇时应充分考虑居民及游客的需求，发展全域旅游，使当地居民能够和游客一起享受旅游产业发展带来的福利，让生产、生活、生态融入居民日常，完善社区居住功能，因此，构建生活化的服务系统显得尤为关键。其中服务系统既包括教育、文体、卫生、商业等公共生活服务设施及交通、邮电、供水供电等市政公用工程设施，也包括食、住、行、游、购、娱、体、疗、学等旅游要素，还包括旅游区必备的专项旅游交通体系、游客接待服务、旅游标示系统、生态停车场、游客公共休憩设施等，且旅游服务设施在综合配套服务里的比重要高于一般的特色小镇，突出旅游的服务功能。

5. 旅游特色小镇开发策略

旅游特色小镇开发应编好规划，认真研究，做好项目策划，以一个项目盘活一方土地；从区域层面找准位置，协调与其他旅游目的地的关系，错位发展；以资源优势为依托，有序发展，同时树立品牌意识，一镇一品，打造各具特色的旅游产品。

（1）编好规划，积极发展旅游特色小镇

中国旅游规划经历了从资源导向到市场导向再到目前的产品导向的三个阶段。旅游规划按照空间尺度大小分为区域旅游规划、城市旅游规划、景区景点规划。旅游特色小镇规划从某种程度上既是城市旅游规划的有机组成部分，也是景区景点规划的主体之一，又是区域旅游提倡的多规合一的部分，同时具有自身的独特性。规划是一项系统工程，涉及旅游接待、旅游服务、基础设施、景区景点建设等多方面内容。

相对发展较为成熟的城市规划而言，旅游规划值得探讨和商榷的内容很多。旅游特色小镇规划不应千篇一律，而应以“好用、可用”为第一要义，即规划应与实际有机结合，具备很强的可操作性。旅游特色小镇规划既是旅游地发展的蓝图，也是展示旅游地形象的旗帜，更是吸引投资的重要砝码。因此编制高水平的旅游特色小镇规划应是每个有责任心的规划师的职业追求。

（2）区域协调，错位发展旅游特色小镇

旅游特色小镇的旅游开发是一拥而上、遍地开花，还是百花齐放、百家争鸣？显然，有序竞争、错位发展，走区域旅游合作的道路，是旅游特色小镇开发的有效途径。比如，同里、南浔、乌镇、周庄、西塘和角直六大江南古镇在开发旅游的浪潮中意识到，因为空间认知的相似性和目标市场的趋同性面临的无序竞争的危机，开始了区域旅游合作以削弱竞争、实现共赢的尝试，这也是旅游特色小镇在开发与运营中需要注意的问题，因而可借鉴原有的古镇旅游等经验，以更好指导旅游特色小镇的可持续发展。

区域协调就是协调不同旅游特色小镇之间的相互关系，明确各自的优势，扬长避短。区域协调不仅仅是协调旅游特色小镇的旅游功能定位、发展目标，更应涵盖协调旅游基础设施、接待设施、营销策略，发挥出“1+1> 2”的效果。

（3）因地制宜，深度开发旅游特色小镇

相对而言，在与其他旅游目的地竞争过程中，旅游特色小镇必须因地制宜，依托资源、区位优势，一镇一品，深度开发。从完善区域旅游产品结构、充实内容、提高质量、扩大市场的角度促进旅游特色小镇的可持续发展。旅游产品结构是否合理，内容是否丰富直接影响其对游客的吸引力大小，因此，在开发旅游特色小镇时，要注意与其他周边城市、景点景区等的旅游产品构成互补，扩充产品数量，丰富产品结构，增加游客的可选择性。

旅游品牌形象是指游客对某一旅游地的总体认识和评价，以及在认知评价基础上的系列运作，其地位与作用日渐突出，已经成为区域旅游发展的新武器。在现代旅游业的发展中，旅游品牌形象设计正在发挥着越来越重要的作用，如提到江南水乡，就能联想到乌镇、周庄，提到徽派建筑就能想到宏村、西递。具备品牌优势的旅游特色小镇，方能在旅游开发与旅游产业发展的大潮中占据有利形势。

（二）旅游特色小镇运营的理论基础

旅游特色小镇的运营是一个复杂的系统，对其进行研究还处在不断探索阶段，尚未形成成熟的理论，是一个崭新的领域，但可以从经济学、地理学、旅游学等学科入手对其进行全面系统的研究和分析。

1. 城市经营理论

城市经营思想的最早可追溯到19世纪80年代，霍华德提出了“田园城市”思想，提道：“田园城市和其他市政当局之间最本质的区别之一是收入的方法。它的全部收入来自地租——因而逐渐上涨的土地增值就成为这座城市的财富。”田园城市建设从一开始就体现了城市经营的思想，这其实是一个利用土地收益进行新城建设的城市经营的典范。城市经营，就是运用市场经济手段，对构成城市空间和城市功能载体的自然生成资本（土地、河湖）和人力作用资本（如路桥等市政设施）及相关的延伸资本（如路桥冠名权、广告设置使用权）等进行集聚、重组和营运，以实现城市资源配置容量和效益的最大化、最优化。城市经营的目标是城市环境的改善、竞争力的提高及城市的可持续发展。城市经营是一种思想，是一种理念，它渗透、贯穿于城市规划、建设和管理的全过程，即以经营的思想规划城市，以经营的手段建设城市，以经营的方式管理城市。

2. 旅游地空间竞争理论

旅游地的空间竞争是由于多个旅游地在同一地域内出现引起的，当多个旅游地在同一地域出现时，它们各自的吸引力往往会出现此消彼长或同步增长的动态变化和地域旅游市场结构地再组织。旅游地空间竞争以竞争理论为理论基础，国外在这方面的研究始于20世纪60年代，我国学者对旅游地的竞争研究基本上是在20世纪90年代初期开始的，方法上主要采用引力模型、概率旅行模型和价格需求交叉弹性等。一般而言，旅游地的空间竞争主要是同类型旅游地之间的竞争，不同类型的旅游地在同一地域出现，一般形成互补关系。但由于游客旅行的空间尺度不同，他们选择旅游地的级别也不一样，因而也会产生竞争。旅游地的空间竞争的实质是客源市场的竞争，即游客流在空间上的动态分散与集聚，这种动态分散与集聚就导致了旅游地客源市场的变化。游客对旅游地选择的结果表现为各旅游地游客流的大小，这实质上就是旅游地的空间竞争的结果。

（三）旅游特色小镇的运营

1. 旅游特色小镇的运营架构

（1）特色小镇的商业模式

①一级土地开发。仅做土地的一级开发，直接获利，同时通过其他模式（如补贴

方案等），享受升值收益结构。

②二级房产开发。包括六大房产结构：一居所地产、商铺型地产、客栈公寓型地产、二居所地产（周末）、三居所地产（度假）、养老地产。通过销售回收经营等方式形成销售运营模式。

③产业项目开发。一是特色产业项目开发，包括科教文卫等产业事业导入及产业园、孵化园等产业本身开发；二是旅游产业项目开发，包括旅游吸引核项目（如主题公园）、休闲消费聚集项目（如休闲商街）、夜间休闲聚集项目（如水秀表演等），通过项目的运营获得收益。

④产业链整合开发。两大产业链，泛旅游产业链和特色产业链，二者相互支撑，构建区域产业生态圈，包括金融、教育、居住人群、城市化机构和政府政策等。

⑤城镇建设开发。城市服务包括公共交通服务、社会服务等；城市管理包括城市智能化管理、政府政策等；城市配套包括银行、学校、医院等。

（2）特色小镇的运营模式

以企业为主体，政府发挥引导作用，负责小镇的定位、规划、基础设施和审批服务，引进民营企业建设特色小镇（见图6-6）。

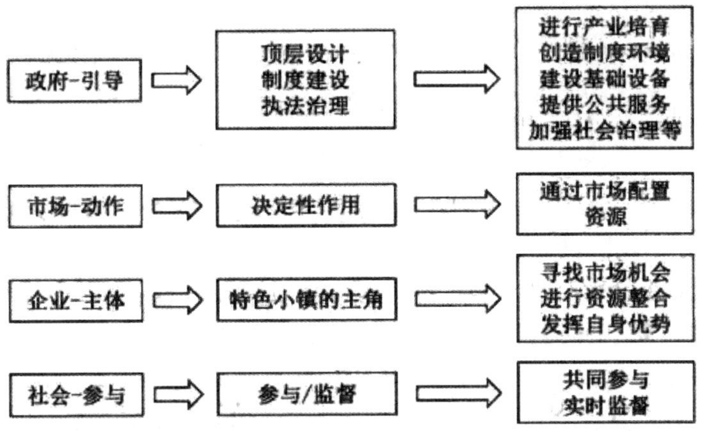

图6-6　特色小镇的运营模式

2. 旅游特色小镇的运营内容

（1）旅游特色小镇的规划

旅游特色小镇规划是市场经济条件下政府宏观调控小镇发展建设的重要手段，是政府进行旅游特色小镇运营的依据和纲领。旅游特色小镇规划就是通过对内外部条件分析，明确长远的发展战略，确定一个比较合理的旅游主题，构建支撑主题的旅游产品体系，并制定科学合理的管理运营机制。提高旅游特色小镇规划水平，制定具有前瞻性、科学性、战略性体现可持续发展思想的规划，是旅游特色小镇运营的核心和先决条件。

旅游特色小镇规划关系着小镇的前途和命运，需要站在高屋建瓴的角度统筹全局。制定旅游特色小镇的旅游专项规划，首先，通过对旅游特色小镇内部条件分析得出自身的比较优势，也就是通过对旅游特色小镇的文脉和地脉分析，提炼出其核心旅游价值；其次，将其比较优势放在整个大区域，结合外部条件进行综合评价，得出旅游特色小镇发展的SWOT分析结论；再次，将优势、劣势、威胁和机遇四个因素两两组合推导出旅游特色小镇发展战略；最后，根据旅游特色小镇的旅游资源特色，确定其旅游发展主题和定位，并围绕主题策划旅游产品体系。从运营发展的视角制定出的旅游特色小镇发展规划，才会更科学、更实用、更接地气。

（2）旅游特色小镇的景区

旅游特色小镇无疑是以旅游业为主导的特色小镇，依靠自身拥有独特或较高品质的自然资源、人文景观，通过提供观光游览、休闲度假或者商务服务等方式来带动旅游特色小镇经济社会文化的发展。旅游特色小镇可以依托重要旅游景区，并为其提供配套服务而获得发展，还有旅游特色小镇本身就拥有重要的旅游景区，也因此成为相对独立的旅游吸引物。旅游特色小镇景区是开展旅游活动的重要吸引物，是促使游客参加旅游活动的主要原因。

在著名风景区附近的旅游特色小镇，要充分利用特有的自然景观，通过对滨海资源、森林资源、冰雪资源、温泉资源等的利用形成滨海小镇、森林小镇、冰雪小镇、温泉小镇等休闲主题的旅游特色小镇。如果旅游特色小镇本身就是一个景区，则“景镇合一”是其构建核心吸引力的关键，是形成游客休闲聚集的基础要素。因此对旅游特色小镇景区的打造和运营是运营的重要内容之一。

（3）旅游特色小镇的基础设施

旅游特色小镇基础设施主要包括小镇道路、桥梁、污水处理、供水、供热、环卫、公交、出租客运、园林绿化和广场等。基础设施建设既要满足旅游特色小镇居民的生活需要，还要满足游客的需要。为了增强旅游特色小镇的发展潜力和综合竞争力，要重视旅游特色小镇基础设施建设，同时要大力推进基础设施的市场化进程。

旅游特色小镇基础设施运营包括在基础设施类型和服务规模上，要考虑旅游市场需求，也就是游客的需求因素，如随着自驾车等散客旅游市场的兴起，旅游特色小镇内部的公路交通要进一步完善，同时大量增加停车位的数量；旅游特色小镇在配备医疗设施和人员时也一定要把游客的因素考虑进去；电影院、体育馆、图书馆、文化馆等文体设施一方面可满足当地居民的文体需求，提高当地居民的文化素养，另一方面也要满足游客在文化娱乐方面的需要，并可通过挖掘地方特色，以文体设施为载体，不断提高其亲和力和文化吸引力，促进旅游特色小镇的发展。

（4）旅游特色小镇的旅游环境

旅游环境对旅游特色小镇运营影响深远，拥有良好的自然生态环境是旅游特色小镇发展旅游业的前提条件，也是吸引游客的一项旅游资源。稳定的社会环境能够给游客带来安全感和归属感。此外，旅游特色小镇居民热情好客所营造的和谐氛围其实也是一种旅游资源，它影响着游客的旅游体验，使游客感受到当地居民的亲和力，而游客的口碑是对旅游特色小镇最好的宣传，同时会增加游客的重游率。旅游特色小镇要大力营造“行之顺心、住之安心、食之放心、娱之开心、购之称心、游之舒心”的旅游环境，让游客不仅欣赏到自然亲水的秀美风光，还能让游客经历真实而富有活力的文化体验，真真切切地感受到旅游特色小镇居民的热情淳朴和原汁原味的小镇生活。

（5）旅游特色小镇的社区

社区是旅游特色小镇的基础，是小镇的基本组成单元。旅游特色小镇的社区居民植根于当地的历史、自然和文化，他们既是自然环境的拥有者，又是文化的承载者，更是旅游服务的提供者，他们的生产生活和风俗习惯已成为重要的旅游景观。社区居民及与社区居民密切相关的社区生活是旅游特色小镇重要的旅游资源，可以进行深度挖掘，开发出系列的旅游产品进行销售；通过学习和培训，社区居民可以掌握旅游相关知识和技能，更好地为景区提供服务。可见作为旅游特色小镇重要组成部分的社区居民，有条件、有能力参与开发建设。

（6）旅游特色小镇的文化和品牌形象

文化是旅游特色小镇的灵魂，在开发建设过程中要充分挖掘地域特色和突出的文化内涵，离开文化就缺少了生命力。旅游特色小镇应重视对当地传统文化和历史遗存的保护，应弘扬鲜明的地域特色，同时还要深入挖掘个性鲜明的文化内涵。通过整合地方人脉、地脉和文脉，构建各自不同的主题文化风格，培育自己独特的文化风情。

旅游特色小镇的品牌形象是指人们对内在吸引力、外在发展动力和未来发展前景的认识和评价，是旅游特色小镇性质、功能、地理、历史、文化及生活方式“由内及外”“由里及表”的综合反映。旅游特色小镇的发展建设对提升品牌形象起着至关重要的作用，而品牌形象的塑造有利于提高知名度，增强旅游特色小镇的旅游竞争力。

（四）国外小城镇的运营经验借鉴

1.国外小城镇的运营经验

在国外，旅游小镇建设已成为推进城镇化的有效途径，美国、德国、澳大利亚等国家进行了多年实践，在小镇发展建设过程中形成了较为完善的管理体制，而这种管理绝不是简单的行政管理，而是处处体现着小镇运营的思想和理念。

（1）澳大利亚小城镇的运营管理

澳大利亚构建了层级清晰、分工合理、责任明确的政府管理体制。小城镇政府的主要职责是修建社区设施、图书馆、公园、供水设施、排水设施、当地道路，搞好废物处理、动物控制、规划和建筑审批。小城镇政府机构的经济发展职能很少，社会管理和公共服务职能最多，政府公务员的行政服务效率高。例如，澳大利亚采用市场化手段管理城市公共卫生，地方政府将垃圾清运和处理任务承包给相关公司，由公司负责整个城市的垃圾清运和处理。此外，在都市圈内比较密集且相互邻近的一些小城市中，一个城市建了垃圾清理和污水处理公司，若工作量不能满足其处理能力，就可以将业务延伸到邻近的城市，负责其他城市的垃圾和污水处理，既充分发挥企业的规模经济效益，又鼓励企业间开展市场竞争，降低城市的公共卫生管理成本。

（2）英国“花园式”小城镇的运营管理

在英国，乡村地区的小城镇既有接近乡村的自然景观，又具备城市基础设施和服务设施，优良的环境及便利的服务使这些小城镇不仅吸引了城市和农村 的居民，还有游客的消费，成为英国人远离城市拥挤与喧嚣的良好去处。

英国的城乡规划政策在小城镇的发展方面，强调旅游、就业、住房、商业服务的协调，重视维持小城镇的可持续发展。英国的小镇有不少具有历史意义或建筑价值的建筑，开发建设的规划政策要求尊重和保护这些有价值的建筑，尽可能通过修缮提升它们的质量。发展小城镇本地的服务业和产业，保护具有本地特色的小商店和作坊，在极具本地特色的历史建筑氛围中，形成休闲的步行环境。通过强化当地特色，形成具有吸引力的区域，为广大游客提供“不同于城市”的感观和体验，包括了小城镇的历史文化，缓慢的生活节奏和宁静及当地的食品。在消费方面，游客通常能在一些特别的商店中体验到不同于城市商业街的购物乐趣。在旅游景区附近的小城镇则成为为旅客提供服务的中心。

（3）意大利马尔米堡古镇的运营管理

保持独特文化气息的意大利马尔米堡古镇始建于16世纪文艺复兴时期。雕塑家米开朗基罗为了把阿普阿内山的大理石从内陆运到海边，专门修了一条路，路尽头便是马尔米堡码头。几个世纪以来，小镇保持着独特的文化气息。马尔米堡拥有意大利最美丽的沙滩，完全由细沙覆盖，并伴有水晶蓝的海水，从20世纪20年代开始，它就名声在外，目前是世界公认的顶级度假胜地。马尔米堡拥有着丰富的历史、文化和古老的传统。马尔米堡的文化符号就是文艺复兴时期的雕塑，古镇在旅游开发中不仅注重对这些文化元素的保护和艺术氛围的营造，当地的酒吧和俱乐部一直都是意大利之夏的引领者，而且在住宿、餐饮、休闲、社交等方面都沿袭了小镇特有的生活方式。例如，位于小镇中心广场一家名叫维尔的面包店，从1924年起就开始焙烤香草甘油面包。小镇通过不同的手段邀请和吸引来客体验及融入本地传统的生活方式。

19世纪，欧洲权贵、富豪、社交名流开始蜂拥而至。从那时起，小镇就禁止修建超过二层的楼房，以免遮挡海景。然而，近几年，富豪们的到来拉高了小镇的房地产价格，当地居民不仅失去了宁静的生活，甚至都难以在小镇立足。所以马尔米堡小镇曾颁布一条法律，规定在海景区域新建造的住宅只能出售给当地出生的人或常住居民，海滨新房建成20年后，才可向外国人出售。镇长布拉蒂说："出台新法律主要是为了保护当地文化，维系当地文化血统保护古镇自己独特的风格。"

2. 国外小城镇的运营启示

我国旅游特色小镇在借鉴国外小城镇运营管理及发展小城镇的经验时，必须重视国情差异对学习国外特色小城镇制度经验的限制作用，同时求同存异，将超越国情差异的小城镇运营管理和发展中的共性制度成果吸收过来，再结合我国旅游特色小镇各自的特点，加以改造后为我们所用。

（1）澳大利亚小城镇重视公共服务市场化

澳大利亚小城镇构建的层级清晰、职责明确的政府管理体制，政府履行公共管理和服务职能，容易实现小政府、大社会，提高公共管理和服务效率，启示我国也应按照"以人为本"的科学发展观和市场经济体制的要求，依法划定各级政府的不同职能，减少上下级政府的重叠度，大力压缩对口设置部门。此外，我国还应借鉴澳大利亚的经验，大力推行旅游特色小镇公共环境卫生事业的市场化运作，允许民营企业从事特色小镇保洁、垃圾清运、污水处理等业务，政府可通过严格规范的招标程序，购买企业提供的公共环境卫生服务。

（2）英国小城镇重视规划基础服务和设施建设，强调特色多样化发展

英国小城镇规划建设的经验表明，通过提高特色小镇规划和建设的品质，加大小镇建设的投入，特别是在基础设施和服务设施领域，包括医疗和教育水平，实现教育、社区设施与基础设施的质量都有大幅度的提高，最终达到与大城市具有同等质量的服务。只有全面提升特色小镇的基础设施和服务设施的软、硬件水平，特色小镇才有可能吸引人群，才能发挥承上启下的功能。特色小镇的发展和功能不是统一的，应当是有特色、多样化的发展。同时，小镇的规划与建设应当体现本地的人文和历史，重视保护与避免遭受不适宜开发的破坏，重视对自然环境、本地特色文化和历史，以及具有休憩价值地区的保护。

（3）意大利马尔米堡古镇重视保持古镇特有的文化气息

意大利马尔米堡古镇居民对传统生活方式的沿袭，对古镇特色文化的珍视，启示我国旅游特色小镇发展一定要保持特有的文化气息。要重视当地传统文化的传承，可以有选择地引入外来创意文化或艺术，增加文化传承发展的生命力。要强调人与自然的和谐共生，保留传统生活方式和自然居住模式。古镇古村的旅游开发，不要为迎合外来游客而改变自身气质，而应凭借和发挥自身独特气质和传统生活方式，吸引真正的文化游客到访。

第七章　旅游特色小镇产业链培育与延伸

一、旅游特色小镇的理论基础与特色产业培育

（一）产业集群理论基础

产业集群理论作为产业经济学的重要组成部分，早在20世纪初就出现于西方经济学中。产业集群是指在某一个特定区域内，集聚众多具有分工合作关系的不同规模等级的企业与其发展有关的各种机构、组织等行为主体，在区域中形成有效的市场竞争力，通过纵横交错的网络关系紧密联系在一起的空间积聚体，实现集聚效应、外部效应、规模效应，提升区域竞争力，是一种新的空间经济组织形式。

西方产业集群理论发展基本上经过五个演变阶段，包括马歇尔产业集聚理论、韦伯区位理论、佩鲁增长极理论、克鲁格曼新经济地理学产业集聚理论和波特竞争优势理论。

1.马歇尔产业集聚理论

马歇尔产业集聚理论是古典经济学的代表性理论。马歇尔认为在生产部门中大量同种产品生产企业聚集区内生产同类产品，使用专业化大型机械、专门设备能够提高集聚区企业对专业机械的使用率，提高企业生产效率，降低企业生产成本；在劳动力市场中，企业则需要选择具有大量专业人才的地区开设工厂，工厂聚集区同样会导致专业人才的聚集，从而带来产业聚集。基于研究马歇尔提出“外部经济”和“内部经济”的概念，并首次指出产业集群是外部经济作用下形成的。产业集聚受到外部经济影响主要表现在以下三个方面：一是经济市场规模的扩张，专门服务型行业、交通、基础设施改善带来企业交易成本的降低；二是信息的传播与共享，知识量增加带来企业技术的提升对企业生产效率产生影响；三是劳动力市场的扩大带来劳动力流动性增强和劳动力技术水平的提高，企业劳动力成本降低。马歇尔有关产业集聚理论形成并没有实际的模型作为支撑，但其对于产业集聚的外部性的提出对后人研究产业集群产生了深远的影响。

2. 韦伯区位理论

韦伯的理论研究为现代工业区位理论发展奠定了基础，他还在《工业区位论》中明确提出聚集经济。区位理论是从区位的角度出发描述产业集聚的形成机理，将工业区位认为是产业聚集的决定因素。韦伯的工业区位理论是以“费用最低，区位就是最好的”为理论前提。韦伯把影响工业区位的决定因素分为区域因素和位置因素，区域因素又包括聚集因素和分散因素。在聚集因素中，有特殊聚集因素和一般聚集因素。特殊聚集因素包括便利的交通条件、丰富的资源状况；一般聚集因素包括因企业聚集所产生的外部经济性，如公共服务和基础设施的共享，特别是因上下游企业之间的产品互补所产生的产品相互依赖的间接外部经济效应。

韦伯认为产业初级阶段就已经开始出现产业集聚，在这一时期企业自身规模的不断扩大带来产业的集聚，然后产业集聚进入第二阶段，在产业内部大型企业起到主导作用实现同类大企业的聚集生产，导致大量的同类企业的加入，形成规模经济。产业集聚产生规模效应，增强产业内部企业的竞争力优势，其生产成本降低，包括劳动力成本、材料流通成本、固定资产成本等。由于信息交流、知识传播企业生产技术水平会提高，因此企业生产效率和资源配置效率也会提高。

3. 佩鲁增长极理论

增长极理论是佩鲁于1950年提出的，“经济空间”理论是该理论的基础，该理论认为各种生产要素在某一中心大规模聚集可以称为增长极。生产要素聚集的中心迅速成长，通过扩散作用带动中心周边地区发展，在发展过程中更多的要素向中心集聚，进一步促进增长极的扩张。佩鲁认为“主导产业”的存在是整个产业集聚的前提，属于整个产业集聚的增长极，对其他产业具有“支配效应”和“扩散效应”，主导产业是由产业内部具有强大实力的核心企业来引领的，核心企业对整个主导产业具有推进作用。区域内的主导产业，会发挥主导产业的扩散作用和关联效应与它附属产业发生连锁效应和乘数效应吸引大量的相关资源和企业、机构、组织在这一地域空间内聚集，形成产业集聚。

4. 克鲁格曼新经济地理学产业集聚理论

20世纪90年代，克鲁格曼提出了新经济地理学产业集聚理论，将经济地理引入经济学理论中，概括为三个方面。

一是规模报酬递增。由于生产规模的扩大带来产出的增加，从而带来生产成本的下降，各国或区域间通过发展专业化和贸易，提高其收益；集中是经济规模的反映，地理上的集中形成大型的聚集地区，其规模优势远远大于某一个部门或产业的集中优势，从而为地区获得竞争优势创造了前提。

二是中心—外围模型。克鲁格曼指出由于不完全竞争的存在，当某个地区的制造业发展起来之后形成工业地区，另一个地区则仍处于农业地区，两者的角色将被固定下来，各自的优势被“锁定”，从而形成中心区与外围区的关系。这个模型以严格而连贯的形式阐述了经济活动区位选择与收益递增、运输成本、需求等因素的内在联系，即规模经济越重要，运输成本越低，对制造业产业的需求越大，制造业生产就越容易集中。

三是建立模型探讨国际贸易成本与产业集聚的关系。通过对两个国家、两个产业和一种生产要素的建模研究，得出结论：在贸易成本高时，两个产业同时存在于两个经济中；在贸易成本低时，产业集聚不仅是可能的，而且是必需的，甚至可能走上彻底的专业化。

5. 波特竞争优势理论

1998 年，波特提出了竞争优势理论，并构建了波特钻石模型（见图 7–1）。他认为，集群通常发生在特定的地理区域，在区域内形成的产业集群提高了集群内部企业生产效率，促进了企业提高自身创新能力，降低了企业竞争成本。产业集群并不受国家、县市等地域边界的限制，产业集群发展主要由集群内部企业和有关组织机构的关联关系决定。

波特的竞争优势理论从竞争优势的角度出发研究产业集群产生的机制和未来发展的方向。竞争优势理论中不仅提到产业集群对企业生产效率提升、企业研发创新能力的加强，而且加入了政府部门对产业集群发展的影响，其竞争理论中的动态竞争和竞争环境决定竞争优势对产业集群理论具有突破性的意义。

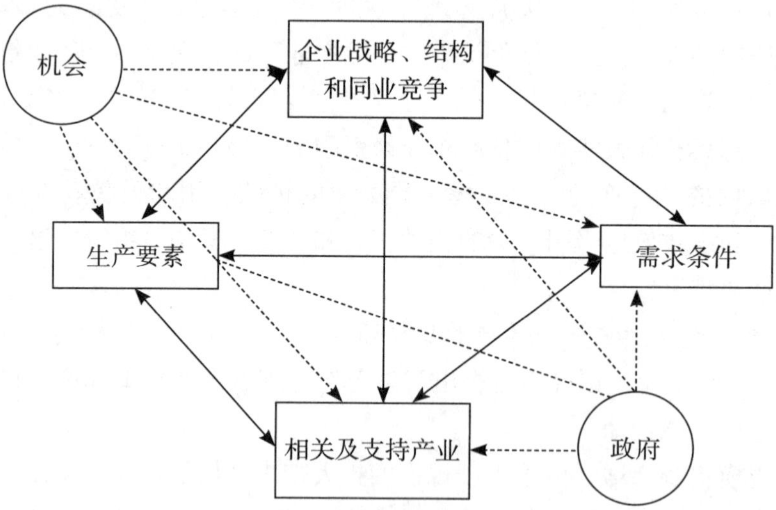

图 7–1　波特钻石模型

（二）旅游特色小镇的特色产业培育

1.发展理念

旅游特色小镇不是传统意义上的乡村或小镇，也不是通常情况下的行政划分区域，而是作为产城乡一体化的新型城镇化模式，它是一个集产业、文化、旅游和社区功能于一体的新型部落体，是以产业为核心，以项目为载体，相互融合发展生产、生活、生态的一个特定区域。同时，还是一个功能再聚焦、人才再集聚的“重新联合或聚合”的新聚落、“产城融合共生”新型城镇化的重要实践形式，是一个由运营方式、建设方式、政府服务方式等体制机制再创新的共同体。一般小镇可以有产业，也可以没有产业；可以有很深的文化底蕴，也可以仅是一个小规模人群的普通聚居地。相比较，旅游特色小镇是来自四面八方的创业创新主体带来了各自的文化，形成了多样性文化背景，构成了一个包容性极强的新聚落。

从浙江兴起、得到中央高度认可并进入国家层面推广新阶段的旅游特色小镇建设，是适应和引领经济新常态、推动创新发展和转型升级的重大战略选择。特色小镇始终坚持“创新、协调、绿色、开放、共享”的发展理念，因地制宜、突出特色，转变发展方式，培育壮大新兴产业，打造创业创新新平台，发展新经济，促进经济转型升级，推进供给侧结构性改革。它是一种新探索、新实践，是破解当前供给侧的结构性矛盾、推动产业高端化、提升有效供给能力的重要抓手和举措，是培育发展新的产业生态业态的重要平台和载体。把握特色小镇的核心理念是第一步，而如何打造特色小镇，特色又体现在哪，这就涉及定位问题。

2.精准定位

特色小镇的关键在于“特色”。只有精准定位了特定区域的特色，特色小镇方能言之有料，脱颖而出，以实现“一镇一韵、一镇一品、一镇一特色”的发展。特色小镇的建设，依托的是自身区域的产业、环境、文化、人口和公共资源的优势，充分把握区域分工和社会分工带来的发展机遇，找准特色，坚持和把握小城镇发展的特色并且要突出特色。

①产业资源优势方面。依托独特的区域地理位置条件和特色产业培育优势，选择适宜发展的特色产业，有的区域科技发达，可以加快发展智能技术产业；有的区域农业资源丰富，可以加快发展绿色农业产业、特色种养业、休闲旅游农业等。

②环境资源优势方面。应依托区域内自然资源丰富、生态环境优美，适宜开发的土地、淡水等后备资源充裕，劳动力、农副产品和工业原料供给充足、价格合理等优势。

③文化资源优势方面。主要指区域的特色历史文化，悠久的历史文化是区域沉淀的灵魂。我国乡村和小城镇历史文化悠久，与工业化、城市化发展成果相比，小镇建

设具有淳朴、自然、接地气的乡土气息，保留自有的田园风光和良好生态环境，体现属地的村风民俗，传承地道的优秀文化，彰显区域特色。

④人口聚集和公共资源建设的优势方面。人口聚集是特色小镇建设落地的基础，基于人口的聚集，必将对生产、生活、休闲、娱乐、居住、教育、医疗等多种公共资源产生需求，商街、商业综合体、居住社区、度假社区、学校、医院、银行等系列生活配套设施及公共管理服务机构应运而生，从而形成了基础设施配套完善、社会公共服务健全、城市管理人性、相关政策合理完善的宜居环境。

3. 业态创新

打造特色产业生态的关键在于推进业态创新，尤其是产业业态的创新。传统制造业如果没有工业设计的业态、品牌营销的业态、智能制造的业态，如果没能把这些元素叠加进去，没能把这些业态创新出来，还是围绕制造环节，即使是高端的制造，也难以形成特色产业的生态。制造业特色小镇是产业业态创新的重中之重，需要引进创客类、设计类、研发类、品牌类、营销类等新兴业态，没有这些业态创新突破，是不可能打造特色产业生态的。因此，制造业特色小镇产业业态创新的着重点应主要抓住以下三个方面：

第一，抓新兴产业业态的培育和构建。加快培育和构建“互联网 +”为核心的新产业业态是当前的重点。例如，云栖小镇依托阿里大数据和富士康发展大数据、云计算、移动互联网等新兴业态；“汽车小镇”发展智能汽车与车联网的新兴业态。

第二，抓传统优势产业业态的提升和完善。传统产业转型升级的基本出路就在业态创新上。比如，把原来许多劳动密集型的轻工业定义为时尚。既然定义为时尚，就需要在微笑曲线两端的工业设计、技术创新、品牌创建和网络营销等方面进行业态创新。总体上看，制造业需要在“产品换代”“机器换人”“制造换法”“商务换型”“管理换脑”五换业态上下功夫，积极探索业态创新的具体路径和方法。

第三，抓历史经典产业业态的重塑和丰富。丝绸、黄酒、中药、木雕、根雕、石刻、文房、青瓷、宝剑等产业，既然定义为历史经典产业，重在工艺的传承、文脉的延续、底蕴的挖掘，核心在于工匠精神的重新恢复和发扬光大、工艺大师和美术大师的引进和培养，同时要引入现代元素进行业态创新，与历史人文元素进行有机结合、融合发展。

（三）旅游特色小镇产业集群的培育

1. 旅游产业集群概念

（1）产业集群

产业集群的研究已有 100 多年历史，其中最早的经典研究是 19 世纪末英国新古典经济学家阿尔弗雷德·马歇尔提出的产业聚集理论。通过研究发现，设菲尔德和兰开夏郡聚集大量相互之间具有密切联系的手工业类小公司，且区内生产活动具有明显专业化特征，称为产业区。而“产业集群”是由波特于1990年在《国家竞争优势》一书中提出的。波特认为，产业集群是一组在地理上靠近的相互联系的公司和关联的机构，它们同处或相关于一个特定的产业领域，由于具有共性和互补性而联系在一起。

其实，产业集群既是一个产业概念，也是一个空间范畴，指在一定的地域范围内存在众多关系密切的企业和机构，围绕某个或者某些产业形成网络组织结构，在网络结构中各个单位通过社会关系、经济关系相互作用、相互连接，实现各参与者之间的合作与交流，形成一个完整的空间聚集体（见图7-5）。产业集群中存在着一个核心产业，核心产业对整个产业集群起到主导作用，这也是前文旅游产业链所要重点突出的问题，产业集群的发展与演变关键就在于核心产业的发展与演变，核心产业具有极强的凝聚力和带动性，具有地方特色，突出绝对优势。

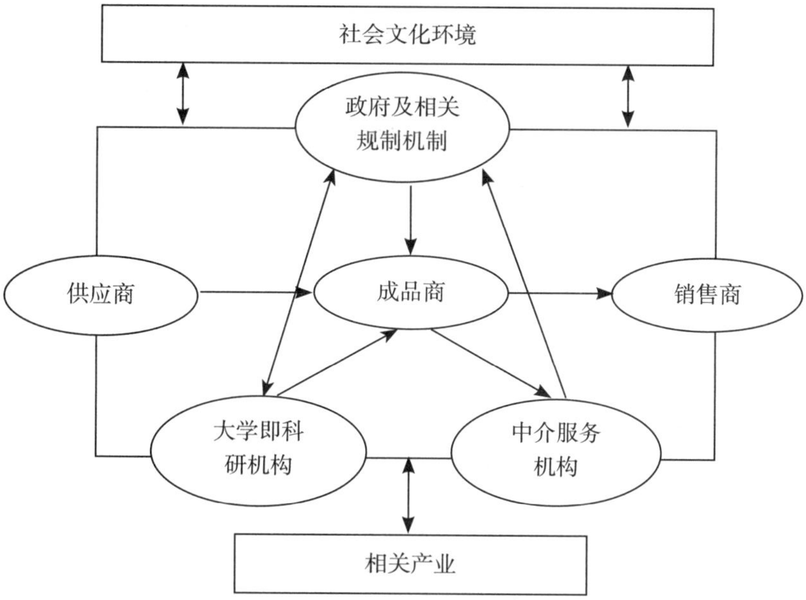

图7-5 产业集群构造

（2）旅游产业集群

旅游产业集群是以旅游产业为主导，以旅游市场需求为驱动力，为提升区域旅游竞争力而形成的产业集群（见图7-6）。旅游产业集群内部的企业主要依托旅游产业链进行集聚，具有很强的创新能力，旅游产业集群同样具有集聚效应和规模经济效应。

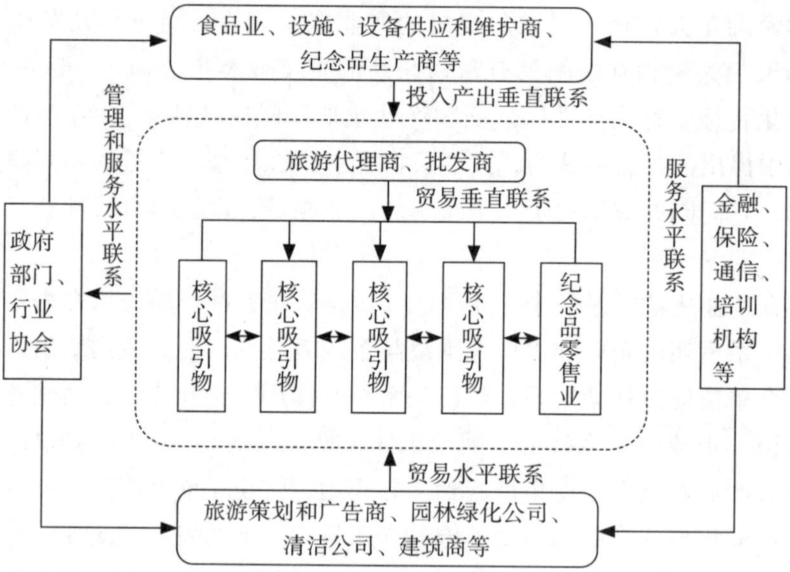

图 7-6 旅游产业集群构造

2. 旅游特色小镇产业集群基本特征

旅游特色小镇是相对独立的区块，它并非行政区划单元，而是一个面积为 3 平方千米左右，建设用地面积 1 平方千米左右，具有明确产业定位、文化内涵、旅游和一定社区功能的发展空间平台和新型共同体，需要建立赖以维系的共同精神纽带，也需要进一步强化其产业的凝聚力。正如豪格、阿布拉姆斯所说："一个对群体行为有着可靠影响的因素是群体凝聚力（group cohesiveness）。通常来说，群体凝聚力会提升群体生产力和群体的表现，促进对群体规范的遵从，改善成员的精神状态和工作满意度，促进群内沟通，降低群内敌意，并引导敌意指向外群，提升安全感和自我价值感。"旅游特色小镇融产业、文化、旅游三位一体，将生产、生活、生态融合，推动工业化、信息化、城镇化"三化"驱动。旅游特色小镇有着其独有的特征。

（1）以当地旅游资源为核心

旅游特色小镇产业集群的发展，需要依托当地的旅游资源。集群构成的前提是发掘当地的自然景观或人文景观，形成一定的旅游吸引力，并由此形成旅游核心产业，再逐步扩展职能，发展所需要的外围产业支撑，形成完整的旅游相关产业链。

（2）空间集聚与规模效应

形成产业集群的旅游特色小镇凭借自然景观或人文景观的吸引力，使诸多旅游企业与相关企业在区域内集聚，产生空间集聚效应，丰富旅游特色小镇的旅游资源类型，也大大提高当地的旅游接待能力。此外，旅游产业规模的扩大，使集群内各旅游企业的生产成本得以降低，也在无形中增强了同类型旅游企业之间的竞争关系，为产业集群的成长注入了活力。

（3）以需求为导向的创新性

创新是产业发展的重要动力和要素。旅游产业是典型的需求导向型产业，随着旅游需求的不断变化，传统的以抓点方式为特征的景点旅游模式，已经不能满足现代大旅游发展的需要。那么，如何满足并进一步引导旅游消费需求是旅游产业必须重点考虑的问题。旅游特色小镇产业集群是旅游供给的一部分，想要更好地满足旅游需求，甚至引导需求变化趋势，要依靠集群企业的创新。

需要强调的是，并非所有旅游特色小镇都形成了产业集群。因为只有当旅游企业的集聚达到一定的数量和密度，并具备一般性产业集群的内在特征时才能称为产业集群。当然，也存在部分旅游特色小镇虽然以旅游业作为主导产业，但旅游企业的聚集效应不够明显，企业间的联系也不够紧密，尚未形成产业集群的形态。

3. 旅游特色小镇产业集群形成机制

（1）政府导向机制

政府导向机制是指旅游特色小镇产业集群的形成是政府行政指导的结果。在我国城市化的过程中，发展地区经济，又能兼具资源集约与环境友好，促进区域经济可持续发展，成为政府的重要任务。而旅游产业的显著效应是政府培育旅游特色小镇产业集群的动因，因为旅游产业具有经济、社会和环境效应。

1）政府培育旅游特色小镇产业集群的动因

①产业结构优化和转型升级。特色小镇倡导“产城融合”理念，在产业集群基础上，加入旅游文化功能，打造宜居、宜业、宜游的新集群和新产业，是传统集群产业的提升改造和转型升级的有效推动机制。

②旅游产业作为特色小镇核心产业，对其他产业具有拉动力和推动力，应实现产业要素在小镇范围内围绕旅游产业链发生集聚，有效带动相关产业发展。旅游产业属于第三产业，主要是为游客提供服务，对其他服务产业具有明显的带动作用，从而提高当地第三产业在国民经济生产总值中的比例，实现当地产业机构的优化。

③增加地方财政收入。旅游产业收入主要是依靠游客的消费，必然带来大量的现金流，从而实现当地资金快速回笼、周转加速，有利于当地财政收支平衡。旅游产业中大量企业快速发展，企业营业收入增加，缴纳税款增加，为地方创造大量税收。旅游产业规模越大，市场需求越旺盛，能够实现的税收和货币收入就越多。

④关联产业的带动效应与就业乘数。根据世界旅游组织（World Tourism Organization，UNWTO）2008 年提出的旅游卫星账户的概念，旅游产业涉及 12 个特征产业，18 个细分特征子行业。旅游产业的核心产业链包括吃、住、行、游、购、娱、规划、信息咨询等行业，旅游相关产业链涉及更多的产业部门。旅游产业是一个综合性产业，旅游业直接和间接的关联带动了 60 多个部门的投入与产出。旅游产业集群发展对当地经济具有很大的拉动作用，旅游产业对主要相关产业拉动系数约为

1 ∶ 5.57，总体拉动系数约为 1 ∶ 8。旅游产业影响力系数大于 1，这意味着旅游产业对地区经济发展的作用明显。此外，根据世界旅游组织专家的测算，旅游资源丰富的第三世界国家，如增加的旅游收入同为 3 万美元，将增加 2 个直接就业机会和 5 个间接就业机会。

⑤提升居民生活水平。旅游产业的发展能够为目的地居民创造更多的收入。旅游产业集群发展对旅游产业乘数效应有放大的作用，能够为当地居民创造更多的就业机会，改善民生，吸引大量资金进入本地市场，进一步完善当地基础设施和服务设施，为旅游特色小镇的可持续发展奠定基础。

⑥促进绿色生态环境建设。旅游产业发展与生态环境保护之间具有天然联系。旅游目的地需要有高品质、高质量的生态环境作为支撑，吸引游客进入，并产生旅游消费。旅游产业素有“无烟工业”的美誉，在同等产业情况下，旅游产业比多数传统产业所消耗的资源更少，环境代价更小。发展旅游产业能够为旅游生态环境建设提供最直接有效的动力。

2）政府导向机制下的旅游特色小镇产业集群发展路径

政府选择旅游产业为特色小镇的主导产业，使之成为经济发展的突破口，需要投入大量的资金和相关资源，配套一系列支撑产业。对政府而言，高投入需要体现出显著的经济回报和广泛的区域影响力，因而旅游特色小镇向着规模效应和辐射效应的产业集群方向培育，是较优的路径选择。

①政府主导产业的总体规划。在对特色小镇的旅游资源开展综合调研后，明确旅游业的开发方向，制定小镇发展目标，合理开发利用当地特色的旅游资源，有利于对小镇资源要素的整合和可持续利用，体现旅游特色小镇建设的个性化、特色化、地区化，提高旅游特色小镇产业集群程度。对缺乏旅游资源的特色小镇，不能盲目发展旅游业，也不能否定其发展旅游产业的道路，应通过深入考察与调研，探索人造旅游资源的可行性，制订实施方案，找到好的创意与切入点。但是无论是依托现有旅游资源还是开发新的旅游项目，都应坚持政府主导，贯彻“规划先行”的原则，从城镇规划和产业集群发展层面对旅游特色小镇的开发建设进行总体规划，根据旅游特色小镇的发展需要，在资源保护与利用、产业发展体系、基础设施、服务功能配套等方面进行合理科学的规划，体现旅游特色小镇建设的特色和个性，提高旅游特色小镇开发建设的科学性和可行性，从旅游产业发展的开始就有意识地朝着产业集群的方向进行引导。

②制定产业发展优惠政策。产业发展政策对于加快产业发展，促进产业集群形成至关重要。旅游产业是一个依赖政策导向的产业，合理科学的优惠政策有利于吸引企业聚集，加快旅游产业集群发展。政府通过税收减免、资金投入、土地使用、信贷支持等方面给予的优惠政策，引进经济实力强、发展前景广的企业到特色小镇投资置

业，让利于企业，从而实现产业聚集，增强旅游特色小镇的活力，必然会加快旅游产业集群发展的步伐。

③完善基础配套设施。政府在引导旅游特色小镇产业集群发展过程中，必然会考虑到地区公共服务设施能否满足旅游特色小镇产业集群发展的需求，当产业发展扩大形成一定规模时，对地区交通道路、金融服务、建筑、通信、水电、卫生医疗、信息咨询机构、教育娱乐等设施的要求都会提升。政府推进产业集群发展，尤其是旅游产业集群发展，必然要加强公共服务设施建设，减少硬件设施对旅游产业集群发展的制约。拓展旅游产业发展的空间，有利于进一步提升产业发展的吸引力，促进产业的进一步发展。

（2）市场导向机制

市场始终是产业发展主要推动力，产业集群发展动力机制中必然存在市场需求和为了满足市场需求的动力因素，因此市场机制在推动旅游小镇产业集群形成中起到一定作用。

1）旅游市场供需关系

旅游产业发展模式最早是资源导向型，随着旅游产业的不断发展，旅游产业趋向于旅游消费者需求导向型，在我国，旅游需求和旅游供给存在明显不相匹配的现象。旅游供给不能满足游客对于旅游产品的需求，尤其在节假日，旅游供给和需求的矛盾尤为凸显。根据国内外专家分析，城乡居民个人可支配收入与城乡居民出游人数和城乡居民旅游消费数量有显著的相关性，当城乡居民人均可支配收入达到600美元以上，国民将会增加对休闲旅游产品的需求量。从图7-7与图7-8中可以看出，2019年全国居民人均可支配收入30733元，比2018年名义增长8.9%，增速比2018年加快0.2个百分点；扣除价格因素实际增长5.8%，与经济增长基本同步，与人均GDP增长大体持平。按常住地分，城镇居民人均可支配收入42359元，比2018年名义增长7.9%，扣除价格因素实际增长5.0%；农村居民人均可支配收入16021元，比2018年名义增长9.6%，扣除价格因素实际增长6.2%。城乡居民人均收入比值为2.64，比2018年缩小0.05。全国居民人均可支配收入中位数26523元，比上年名义增长9.0%。按全国居民五等份收入分组，低收入组人均可支配收入7380元，中间偏下收入组人均可支配收入15777元，中间收入组人均可支配收入25035元，中间偏上收入组人均可支配收入39230元，高收入组人均可支配收入76401元。

2019年全国居民人均消费支出21559元，比2018年名义增长8.6%，增速比上年加快0.2个百分点，扣除价格因素实际增长5.5%。按常住地分，城镇居民人均消费支出28063元，名义增长7.5%；农村居民人均消费支出13328元，名义增长9.9%。这阶段的显著特点是消费沿着衣食住行及非物质消费的方向升级，这无疑是我国休闲社会发展的基础。

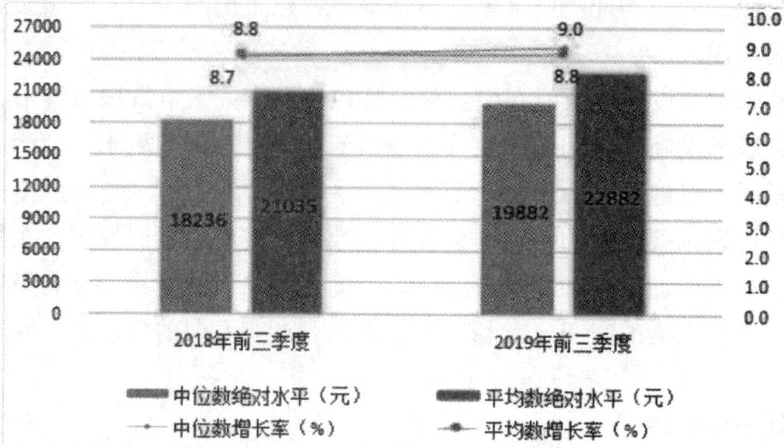

图 7-7　2018 年与 2019 年前三季度居民人均可支配收入平均数与中位数

图 7-8　2015—2019 年全国居民人均可支配收入及其增长速度

旅游消费者的需求不断上升，但在旅游消费供给方面却明显不足。截至 2019 年年底，全国 5A 级景区 285 家，全国纳入星级饭店统计管理系统的星级饭店共计 12327 家，其中五星级饭店 862 家。我国旅游供给主要集中在旅游观光方面，对休闲度假方面的高品质旅游产品的供给是不足的。然而随着我国经济的不断发展，居民出游数量不断扩大，旅游人均消费也呈现快速增长的趋势，如图 7-8 所示。旅游特色小镇发展的无形推动力来自国内旅游需求的上升和国内旅游供给不足之间的矛盾。

2）旅游产品综合性推动企业集聚

值得注意的是，当前创业主体正趋向大众化。伴随“大众创业”“草根创业”的新浪潮，逐步形成“万众创新”“人人创新”的新势态，旅游特色小镇作为全新发展空间，是激发创业创新的重要平台，是创新性供给与个性化需求的有效对接，也是打造集产业、创新、人才与服务等要素于一体的众创生态体系的重要途径。

旅游产品具有很强的综合性，旅游产品的提供和消费需要多部门的参与，从而决定了旅游特色小镇产业发展需要不同类别的企业参与其中。旅游特色小镇拥有旅游资源，旅游资源开发需要不同类型的企业参与其中，旅游产品消费不是单纯的观光或欣赏娱乐，游客在旅游特色小镇进行消费必然要有饮食、住宿、交通、金融、安全、通信、咨询等相关的服务需求，需要其他产业的企业参与进来，如此，使企业数量增加、产业规模扩大、市场需求增加，逐步形成完整优化的产业集群。

3）外部经济性和降低交易成本推动产业集群

杰克逊（Jackson）和墨菲（Murphy）探讨了外部经济对旅游企业集聚的影响，认为旅游企业集聚是为了获得企业之间重要的联系和互补关系，以及技术、技能、信息、市场和跨企业的顾客需求的外溢。

提供不同旅游产品的企业面对的是共同的旅游需求市场，选择进入旅游特色小镇的企业越多，因产品相互补充而扩大需求市场的外部经济性就越显著，这种外部经济性成为大量企业选择进入旅游特色小镇的重要原因。另外，旅游产业的逐步发展，使旅游特色小镇成为区域产业发展活力较丰沛的地区，促使区域内各类产业资源，包括物质、信息、人才、资金等逐步向旅游特色小镇集中，吸引大量企业进入旅游特色小镇，以更低成本获取资源。同时，由于地理位置近，利于掌握充分的旅游市场信息，得到政府和其他公共机构支持，提升联合创新的可能性。因此，获取外部经济性和降低交易成本推动了旅游核心产业链上生产部门的大量企业围绕核心景观进入旅游特色城镇，并带动其他部门的企业大量进入，从而形成旅游产业集群。

4）旅游特色小镇产业开发的地方特色性

旅游特色小镇从建设产业的本质来看，是产业选择问题。因而，每个特色小镇都形成其独特的产业定位，主要聚焦在信息产业、环保产业、健康产业、旅游产业、金融产业、高端装备制造产业等，还要兼顾历史经典产业。与此同时，在新一轮信息技术和新业态发展中，旅游特色小镇的建设要继续保持领先优势，打造全新平台，通过项目整合、资源优化、功能集合助推区域内新产业的培育及生成，从而占领未来产业的新高地。

旅游特色小镇的发展很大程度上依托其地方特色性，如丽江古镇依托古城和梅里雪山，义乌依托其小商品的批发等。地方特色成为产业集群发展的拉动力，旅游特色小镇的特色资源是企业进驻的主要吸引力，不同企业选择对小镇特色开发采取不同的方式和模式，带来企业在小镇范围内的数量增加，众多企业对这种特色的一致性选择会导致企业之间的竞争加剧，从而推动企业进行创新，丰富旅游特色小镇产业的多样性。企业数量的增加与集聚，产业类型的多样化拉动当地产业集群发展。

4. 旅游特色小镇产业集群演化模式

（1）综合导向型

1）综合导向型演化模式的特征

综合导向型演化模式是指依托旅游特色小镇自身的特色资源，打造具有辅助功能的产业群落，旅游特色小镇产业集群的构造演化朝着资源与功能相互结合的综合性方向发展。

综合导向型演化模式的特征为：第一，原动力是满足游客求新求变的多样化旅游需求；第二，集群核心层旅游产品向综合性发展；第三，集群的其他旅游产业部门及外围支撑企业和机构共同服务于核心层综合性核心产品的发展需要。

综合导向型演化模式主要出现在同时以自然和人文景观为核心的旅游特色小镇产业集群。主要在于其具备综合性发展的环境条件，集群的构造演化路径体现为单核心向多核心演化，核心层产品的类型丰富，附加产品的数量庞大，且产品和服务品质提升，向综合性旅游目的地方向发展，通过差异化形成竞争优势，如图 7–9 所示为旅游特色小镇产业集群的趋势和发展方向。

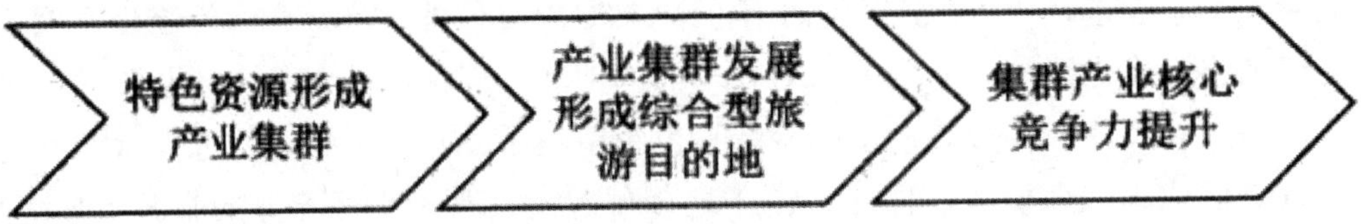

图 7–9　旅游特色小镇产业集群综合导向型演化模式

2）综合导向型演化模式的影响因素

①资源特色。综合导向型演化模式受旅游特色小镇产业集群的资源特色影响较为显著。当自然和人文旅游资源的独特性相当时，集群构造演化会以综合型为导向；如果自然和人文旅游资源的独特性和品质存在差异时，资源优势突出的一方会对另一方构成冲击，集群构造演化不再走综合导向型模式，而将出现回归单核心的演化路径，并进一步细分为两种情况。第一，若自然资源具有高度的独特性和不可替代性，而人文资源的禀赋相对普通，则集群在由多核心回归自然景观的核心的基础上，将转化为资源导向型演化模式。第二，若人文资源具有高度的独特性和不可替代性，而自然资源的禀赋相对普通，则集群在由多核心回归人文景观的核心的基础上，将转化为功能导向型演化模式。

②政府引导。政府在综合导向型演化模式中的作用也很突出。综合导向型的演化路径是集群核心层产品类型和数量都不断增加，这个过程涉及平衡自然旅游资源和人文资源的相互关系。政府的重要性突出地表现在根据市场需求变化趋势，对集群核心

层旅游产品开发的远期方案与近期实施进行规划，有步骤地推进新产品开发；通过规划融合自然资源与人文资源的综合性旅游产品，协调好自然资源和人文资源的关系；更新观念，引导旅游规划向创造旅游体验的方向转化，从规划源头着手提升核心旅游产品和服务的品质，并引导集群内其他旅游产业部门的创新实践。

（2）资源导向型

1）资源导向型演化模式的特征

旅游特色小镇资源导向型演化模式主要是指旅游特色小镇产业集群形成依托独特性资源，产业集群发展主要是向着旅游资源规模扩大和旅游品质提升的方向演化，这种演化模式主要出现在旅游资源优质区，其资源的独特性不可被替代，游客对于特色小镇旅游的需求始终保持增长或者保持在一定的水平。产业集群的演化过程始终以独特资源为核心，相关产业始终以核心资源的核心产业为导向，服务支持核心产业发展。特色旅游资源带来旅游规模的扩大和品质的提升吸引大量旅游企业在旅游小镇内集聚，旅游企业和相关企业之间相互联系、相互作用和交流，为旅游提供配套服务和产品，进一步扩张产业集群规模。

2）资源导向型演化机理

旅游特色小镇产业集群资源导向演变主要依托旅游资源的独特性，依靠资源的禀赋和特质，在旅游特色小镇的旅游资源品质高、可替代性弱、旅游产品吸引力强的情况下，会推动和拉动相关产业加强对核心产业的依托与围绕。强化产业集群中核心产业的地位，核心产业将进一步扩大和实现产业链的延伸，集群演化将向着扩大旅游资源规模、提升旅游产品质量、提高服务品质、进行个性化定制服务等方向发展。

旅游特色小镇产业集群依托资源演变，其发展过程中同样会受到交通、区位、资源类别等一系列因素的影响，当旅游特色小镇处于交通主干线上或者是临近大中型城市，其产业集群发展的最根本就是旅游资源，因此有可能成为资源导向型。旅游特色小镇资源导向型演化模式最终目标是打造独一无二的高品质自然旅游景观，通过产业集群核心层的带动，进一步实现产业集群的提升和加强。旅游特色小镇产业集群发展将会更注重游客的体验性、参与性和休闲娱乐性，提升旅游开发的深度、广度、宽度和厚度。其集群之间差异化的趋势体现在：第一，由资源禀赋所决定的自然景观的差异性；第二，不同集群在依托核心自然景观，在开发综合性旅游服务产品的过程中，服务性产品的特色打造。资源导向型演化模式趋势如图 7–10 所示。

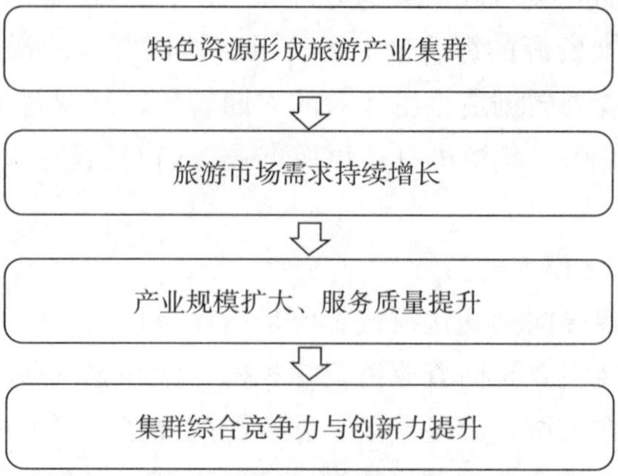

图 7-10　旅游特色小镇产业集群资源导向型演化模式

广西阳朔旅游小镇是典型的资源导向型演化模式。依托山水自然风光，阳朔镇区位优势突出，交通便利，距离桂林市仅 65 千米，交通网络发达。阳朔小镇喀斯特地貌景观的资源禀赋突出，具有高度的不可替代性，是桂林传统重点旅游景区。在阳朔旅游小镇，随着其旅游业的发展，逐步形成以餐饮、酒店、游船、工艺品店、运输业为主的一系列配套旅游服务产业集群。阳朔一直依托其特色资源发展旅游产业，吸引大量国内外游客旅游，是休闲旅游的重要目的地。

（3）功能导向型

1）功能导向型演化模式的特征

旅游特色小镇产业集群功能导向演化模式主要是指旅游小镇产业集群发展逐渐不再以旅游资源作为产业发展依托，主要以提供服务性旅游产品或者是功能性旅游产品为集群服务吸引物。旅游特色小镇产业集群功能性导向演化的主要推动力是游客需求的个性化、多样化，旅游产业集群发展规模的扩大和产业内部功能化的出现，其特征表现为以下三方面：

①集群构造演化的原动力表现为游客需求不断体现出个性化、多样性特征，传统基于资源基础的观光型旅游景观已难以满足市场需求，而是选择将其他功能性旅游产品和服务开发为新的旅游吸引物，推进旅游特色小镇产业集群的连续演化。

②集群的构造演化表现为核心层旅游产品中不断植入功能性产品和服务要素。

③集群的其他旅游产业部门及外围支撑企业和机构的地位根据核心层产品的变化而重新调整。

2）功能导向演化机理

旅游特色小镇产业集群发展过程中，除了依托自然风景、人文资源、历史遗迹等会出现服务与旅游产业的配套产业，如饮食文化、地方美食、传统娱乐活动、传统手工艺品、创意性产品等非载体性的旅游产品。在旅游产业发展的过程中，配套产业的规模也将不断扩大，各个生产部门发展不断壮大，可能形成集群内部新的旅游吸引物，突破原有旅游资源的限制，重新形成产业集群核心吸引物。

旅游特色小镇产业集群将会以旅游要素为发展线索，突破传统发展模式，突出旅游产业中的功能性、服务性产品，实现核心层产品功能化发展。由于功能性产业演变过程中的功能要素对旅游资源的依附程度相对较低，游客的选择性和个性化更加突出，这样就进一步强化了旅游产业功能化演变。

旅游特色小镇产业集群功能导向演化过程中，主要影响因素是资源禀赋的高低。当旅游特色小镇所依托的旅游资源特色不够鲜明或者在一定地域范围内出现替代性旅游产品时，旅游特色小镇旅游资源竞争力将明显下降，而功能服务性产业地方特色突出，功能型产品会替代原有核心层产品成为产业集群的主导性产业（见图 7-11）。处于大城市周边的旅游特色小镇主要功能是满足城市居民的休闲度假需求，这种功能性旅游产品对游客具有较强的吸引力，旅游特色小镇产业集群产业会向餐饮、旅游地产、休闲养生、度假娱乐等功能性旅游产品演化。而位于旅游黄金线路的旅游特色小镇，其旅游业发展具有很强的竞争性，这需要突出旅游特色小镇产品的差异性，发展旅游专项功能型产品，与其他地区产品形成互补性。

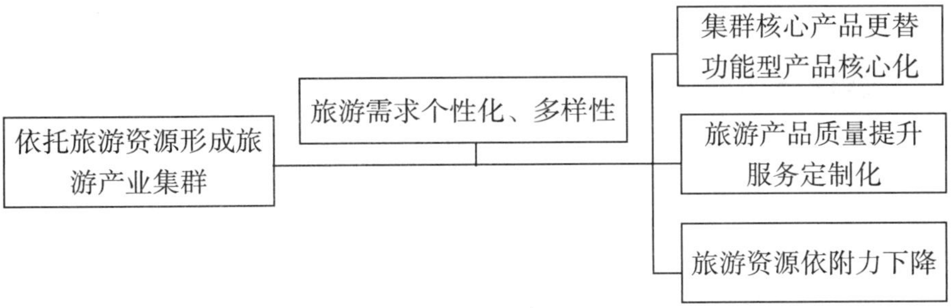

图 7-11　旅游特色小镇产业集群功能导向型演化模式

（4）市场导向型演化模式

1）市场导向型演化模式特点

旅游特色小镇产业集群市场导向型演化模式是以旅游市场为主导，旅游特色小镇产业发展以旅游市场需求变化而不断演化。旅游产业最初是以资源为依托开发旅游项目，而如今旅游产业的发展演化不再仅仅局限于旅游资源的优劣，有的地区不具有丰富的旅游资源，同样可以发展旅游业，其依托的是旅游市场。旅游特色小镇产业集群形成同样是依托市场，这种演化模式更多的是以市场调节为主，政府在尊重市场规律的前提下适当地给出指导性的意见。

我国旅游市场最初是以观光旅游为主要需求，旅游小镇产业集群形成就是为提供观光旅游类产品而形成发展，围绕旅游观光提供交通、住宿、娱乐等方面的服务项目，随着市场的发展和我国居民生活水平的提高，人们对体验性、休闲度假旅游产品的需求增加，旅游特色小镇产业集群发展方向自然发生改变，其演化方式是产业内企业增加投入和加强企业创新，打造一系列体验型旅游产品和休闲度假型旅游产品，养生度假、旅游地产、产权式酒店等都随之产生。

2）市场导向演化机理

旅游特色小镇产业集群市场导向演化的主要因素是旅游市场需求的转变，市场需求的改变决定旅游特色小镇发展的趋势和核心层旅游产品的开发（见图 7-12）。旅游特色小镇产业集群发展是自发性的，政府在旅游特色小镇发展过程中只起到引导作用，市场主体和投资主体是企业。距离市场近的旅游特色小镇适合发展市场导向型产业集群。

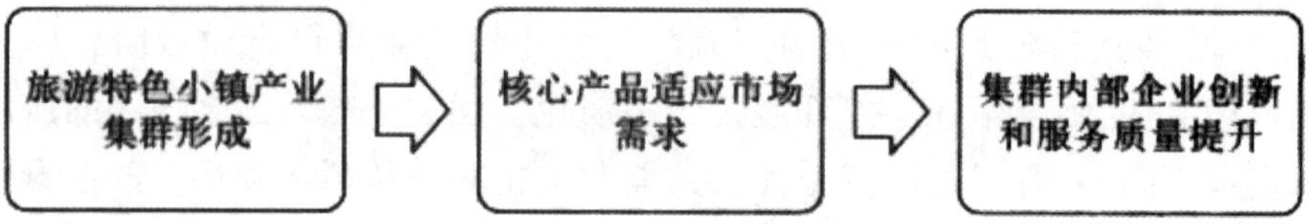

图 7-12　旅游特色小镇产业集群市场导向型演化模式

二、旅游特色小镇产业链的延伸

（一）旅游产业链概念

旅游产业链思想来源于产业链理论，它是指引当前旅游业深入发展的重要理论工具。根据产业链的概念和基本内涵，可以将旅游产业链定义为：为了获得经济、社会、生态效益，通过生产旅游产品满足游客各种需求形成的不同产业、部门之间的动态链接，是建立在旅游产业的内部分工和供需关系基础上的一种产业生态图谱。以旅游业中的优势企业为链核，以旅行社、饭店、旅游交通、旅游商品、旅游景区等相关行业和企业的共同利益为基础而结合起来的，共同直接或间接地为游客提供旅游产品和服务，满足游客需求的旅游企业生态综合体。

旅游产品的本质特点决定了旅游产业链的结构要比传统产业复杂得多，关联性也大得多。根据旅游的六要素——食、住、行、游、购、娱，可以将旅游产业横向链条大致划分为餐饮、饭店、旅行社、资源、交通、旅游产品六大部分，可概括为旅游资源、旅游企业、旅游交通、旅游客源四个要素。旅游资源是进行旅游的首要条件，是旅游产业得以发展的最根本也是最原始的资本，资源通过相关企业的开发经营被充分发掘经济价值，从而促成产业的发展，这是产业链中最关键的一环，即产品开发的过程。而产品的最终消费并回收成本和获利才 s 是促进产业发展的最大动力，这需要市场的接纳和推动加以实现。通俗来说，即旅游产品需要游客加以消费，才能最终转化为经济效益，这是一个从原料到加工最后到消费的简化循环过程。该定义有五层含义具体如下：

第一，旅游产业链的链核是指旅游产业内部的优势企业，也就是说在旅游产业中，凡是具有行业竞争力并能整合相关产业资源的企业都是旅游产业链的链核企业，如旅行社、饭店、旅游交通与旅游景区等行业中的强势企业都可以担当起组织客源、组合及销售旅游产品、分配旅游收入等产业任务。当前我国旅行社、饭店、旅游景区的集团化发展思路与旅游产业链核培育的观点基本上是一致的。

第二，在旅游产业链中，旅行社、饭店、旅游交通、旅游商品、旅游景区等相关行业之间是一种合作、互补的关系，其中任何行业发展滞后，都会影响旅游产品的完整性，影响旅游产业效益的提高。在我国旅游产业发展进程中，旅游商品“拖后腿”的现象就比较突出。长期以来，我国旅游商品在开发设计、包装宣传、品牌质量、类型结构等方面存在诸多问题，对于游客而言，他们有购买旅游商品的愿望，却找不到要购买的东西，或对买到的商品不满意，可见旅游商品的滞后发展既破坏了游客旅游经历的完整性，也成了旅游产业发展中的一个“瓶颈”。

第三，产业链是产业关联程度的表达。产业关联反映了产业之间的供求关系，在生产过程中，各个生产阶段之间存在上下游的关系，产业关联性越强，链条越紧密，资源的配置效率也越高。

第四，产业链条是资源加工深度的表达，它代表了从旅游资源到最终消费之间的距离和社会资源利用深度的可能性。产业链越长，表明可以加工的深度越深。

第五，产业链是满足需求程度的表达。产业链始于旅游资源、止于消费市场，但起点和终点并非固定不变。随着社会的进步和生活水平的提高，人们对现有产业会产生更高的要求，形成新的需求压力，这就迫使产业链向两端延伸和加长。

（二）旅游产业链特征

旅游产业链是从上游产业资源开发到下游旅游产品消费全过程的物质和信息投入产出关系，以及这种投入产出过程中涉及的相关产业部门所共同构成的链条体系。由此，旅游产业链的基本形态可从以下两方面开展。

一是明确旅游产业链的投入产出关系所涉及的主体即旅游核心产业链（见图 7–2），从上游原材料、中游产品生产、下游销售到最终消费者的动态过程；二是旅游产业链从上游到下游所涉及的相关产业部门，即旅游相关产业链（见图 7–3）。

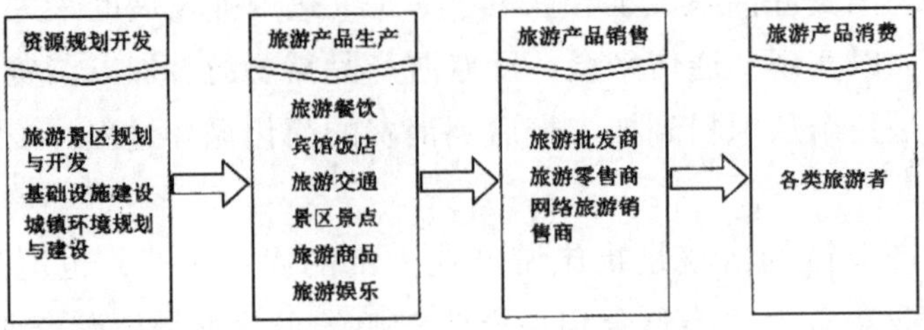

图 7-2　旅游核心产业链

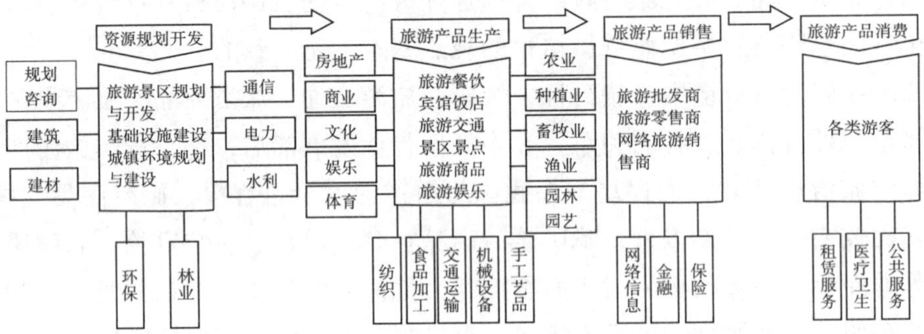

图 7-3　旅游相关产业链

旅游产品从生产到消费的过程中涉及诸多产业部门，这些产业与旅游核心产业链密切相关。旅游核心产业链包括四个环节：资源规划开发、旅游产品生产、旅游产品销售和旅游产品消费。

从旅游核心产业链的上游到下游的生产过程与多个产业产生联系，涉及三大产业的诸多产业部门，这是由旅游业的综合性和关联性特征决定的。核心产业链的产业部门与相关产业链的产业部门之间长期存在物质和信息的供需传递关系，并进行相对稳定的合作和交易，从而通过核心产业链的连接，使旅游产业链整体呈现出网络状结构。

旅游产业与其他产业关联度较大，所以旅游产业链具有自身特点，主要有以下几点：

1. 旅游产业链中的企业之间存在横向联系

旅游产业链中的企业具有横向的联系，这是旅游产业链与传统的产业链最大的不同。传统的纵向产业链只有最后一个环节，即生产出可以直接消费的产品的企业才会直接接触消费者。产业链中其他环节的交易等各种关系都隐藏在各个生产者之间的市场关系中。要提高产品和服务的质量，就要加强直接面向消费者的终端企业的经营管理能力。而由于旅游产业链中的各企业的横向联系更为明显，链条中的每个环节都直接面对消费者，其中的任何一个环节出了问题都会影响整条产业链的可靠性和稳定性。因此，旅游产业链的优化升级也更为困难。

旅游活动在空间上是分隔的，在时间上是连续的。旅游活动的经营主体是将时间上连续的旅游服务在不同的空间中连接起来，使游客从旅游客源地到旅游目的地圆满地实现他们的目的。旅游经济的发展一方面是市场的扩大，另一方面是旅游资源、旅游项目、旅游线路的增加和丰富。旅游产业链中企业的横向联系更为明显，这一特点也决定了分处旅游产业链各个环节的企业的地位是同等重要的，不像传统的产业链存在明显的上、下游关系，因此在优化升级旅游产业链时，对这些企业一定要有合理的利益分配机制，不可偏废一方。

2.旅游产业链上的任何企业都可为游客提供旅游产品和服务

旅游产品是指游客在离开自己的常住地到旅游目的地完成其游览体验活动又返回常住地的整个活动过程，以及这一过程中游客所享受到的各行业企业所提供的一系列产品和服务，是最具综合性的产品。而这一系列的产品和服务不是某一个行业或某一个企业所能全部提供的，某一个行业或企业只能提供一部分的旅游产品。比如，风景旅游区最多只能提供游客的“游、娱、吃、住、购”这几方面；而旅游交通只能是为游客提供“行”这个方面；酒店也是只能为游客提供“吃、住”这两方面。由此可见，旅游产业链上的各个企业必须分工合作，才能够提供完整的旅游产品和服务。

3.旅游产业链上的各个行业之间缺乏有效的约束力

旅游产业链上的各个行业之间缺乏有效的约束力，这是受旅游产业链中的企业存在横向联系这一特点的影响。在纵向的传统产业链中，因为只有下游生产产品，提供终端产品的企业直接面对消费者，处在产业链条上其他环节则是隐藏在生产者之间的市场关系中，这也就使生产者之间可以随时调整合作内容，甚至是合作伙伴。而旅游产业链的横向特点决定了整条产业链直接面对旅游市场，各个行业的利益来源于各自为游客提供的旅游产品，收益的多少是由旅游市场的大小决定的，并不直接受其他相关行业的制约。因此，各个行业之间是缺乏有效约束力的。各个行业之间为争取更大的旅游市场、争夺更大的利益会产生矛盾，同时，各行业的发展规模和产品质量等问题会随之出现。

4.旅游产业链整体上呈现出网络状特征

旅游的核心产业链包括旅游资源的规划开发、旅游产品的生产、旅游产品的销售和旅游产品的消费四个环节。而旅游核心产业链从生产到消费的整个过程与第一、第二、第三产业的部门都产生了联系，这些相关产业就构成了旅游相关产业链。

核心产业链的产业部门和相关产业链的产业部门之间存在在物质、信息的供需上的互相传递关系，并进行相对稳定的交易和合作。通过核心产业链的连接，旅游产业链整体上呈现出网络状特征。

5.旅游产业链更具有跨区域性

产业链对一个区域的经济增长有着重大的意义。旅游活动时间上的连续性和空间上的分割性决定了旅游产品在空间上也是分隔的。所以，一条旅游线路经常被各地区所割裂。旅游产业链可以是一个地区的，也可以是跨地区的，甚至是跨国界的。从这个角度出发，打破行政性区域界限甚至国界构建旅游产业链更有意义。旅游产业链并不强调区域性，但不意味着旅游产业链的形成对于增强区域旅游产业的竞争力没有很大作用。恰恰相反，区域内的旅游企业通过参与旅游产业链上的分工和竞争，可以提高竞争力，获得竞争优势。

6. 旅游产业链辐射的广泛性

从旅游产业的概念中可以看出旅游产业涉及诸多产业和部门，它的运行直接或间接地对其他部门产生影响（见图 7-4）。比如，一个地方的旅游产业发展良好，就会带动当地的住宿业、餐饮业、娱乐业、城市建设、交通运输业等领域的繁荣和发展。经济发展了，就业机会也就增多了，进而促进当地的就业情况也向好的趋势发展。另外，这个地方的旅游业越繁荣，它吸引的劳动就业人数就会越多。所以，旅游产业链具有广泛的辐射性。

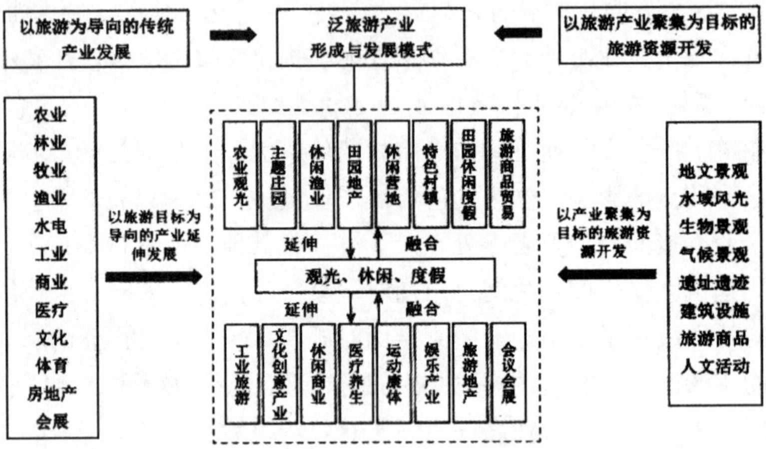

图 7-4　泛旅游产业的架构

传统意义上的旅游产业要素就是人们经常提到的“食、住、行、游、购、娱”，但如今的全域旅游产业要素已扩展为“食、住、行、游、购、娱、体、会（会议）、养（养生）、媒（媒体广告）、组（组织）、配（配套）”，相互交织组合，形成了九个类别的行业，构成了一个紧密结合的旅游产业链，这也是旅游特色小镇产业链所要重点培育的产业。

①游憩行业：包括景区景点、主题公园、休闲体育运动场所、产业集聚区、康疗养生区、旅游村寨、农场乐园等的经营管理和运作的行业。

②接待行业：旅行社、酒店、餐饮、会议等。

③交通行业：既包括旅游区外部的公路客运、铁路客运、航运、水运等，也包括景区内部的索道等小交通。

④商业：集购物、观赏、休闲和娱乐等于一体的购物休闲步行街、特色商铺、创意市集等。

⑤建筑行业：园林绿化、生态恢复、设施建造、艺术装饰等。

⑥生产制造业：车船交通工具生产、游乐设施生产、土特产品加工、旅游工艺加工、旅游衍生品加工、信息终端及虚拟旅游等设备制造。

⑦营销行业：旅游商务行业（包括电子商务）、旅游媒介广告行业、展览、节庆等。

⑧金融业：旅行支票、旅行信用卡、旅游投融资、旅游保险、旅游衍生金融产品等。

⑨旅游智业：规划、策划、管理、投融资、景观建筑设计等咨询行业以及相关教育培训行业。

（三）旅游特色小镇的全产业链开发

旅游特色小镇的全产业链，重在挖掘区域内的旅游产业特色，增强特色旅游产业的内容生产与服务创新能力，整合包括特色旅游资源、地方风貌、民俗风情等特色形态，完善基础设施与服务设施，提升旅游特色小镇的综合旅游服务功能，由此来制定适合特色产业、特色形态、特色功能发展的扶持及优惠政策，形成良性互动的特色机制，以促进全产业链的活力与可持续发展。

1. 发挥产业资源优势，确定特色产业

旅游特色小镇的特色产业发展首要做好产业的选择，这一产业不局限于旅游核心产业，可依托旅游延伸出的相关产业链，政府管理部门则应尊重本地发展现状和市场需求，确定特色小镇发展的主导产业和支柱产业，做好产业规划。

2. 推动产业导入，集群化发展

初始的产业规划是根基，特色产业的培育和导入是产业规模发展的推手，尤其是旅游产业作为综合产业，其发展涉及旅游中的“吃、住、行、游、购、娱”六要素，由此覆盖的产业包含生活的方方面面，那么进一步引导相互独立又相互联系的产业，按照产业发展需要，结合区域化布局、产业化经营、专业化生产、特色化服务要求，从内容生产和空间拓展上，将特色产业集群化发展、创新发展，形成特色规模，引领市场。

3. 培育优质企业，一企一带

优质企业是特色产业发展的标杆，加大对优质企业在财税、人才、土地、产品流通等领域的优惠扶持力度，鼓励和引导优质企业带动产业链条上的中小微企业、个体工商户、当地居民等经营主体共同发展，起到示范引领和带动作用，这也是旅游产业的特色所在，它能惠及多数群体，使旅游特色小镇的各个利益主体都能从中获益。

4. 发展特色功能，加速综合发展能力

在旅游特色小镇区域范围内，特色产业的集群化发展，培优养大，都需要导入诸如招商开发、投资机构、服务运营机构及其资金资本、IP、人力资源等平台特色功能的服务，以及后续持续的经营发展辅导，以进一步挖掘产业内涵和潜力，推动相关配套产业发展，充分利用“旅游 +”“互联网 +”等技术和渠道优势，加速旅游特色小镇的综合发展能力。

5. 突出特色形态，构建品牌优势

建设旅游特色小镇，主要体现是旅游资源特色、旅游产品特色和旅游服务特色。这种特色植根于当地特色风土人情与风貌，应在此特色形态基础上深挖内涵，加强创新和品牌建设，提高品牌的知名度、美誉度，以特色旅游品牌优势占领市场。

6. 发展全域旅游，强调全局意识

除了旅游特色小镇的经济、社会、环境效益和游客的旅游体验，也不可忽略当地居民的生活，可以发展全域旅游，让游客融入体验当地居民的生活。只有当地居民喜爱的产品才是真正优质的产品，只有宜居的才是宜游的。因而，发展旅游特色小镇的核心是居民和游客互生互利，让生产、生活、生态，以及当地人和外地人和谐共处。这种居民与游客的关系，就是旅游生活化的体现。

第八章　安徽省旅游特色小镇开发与建设的优化路径

一、国内旅游地的保护与更新实践

旅游特色小镇的旅游功能和本地功能的关系处理是旅游特色小镇保护与更新的重点所在。本节基于上述旅游特色小镇的形态特点，通过整体格局、重点地段、空间架构三个层面的空间形态，列举国内外旅游地在形态上处理旅游和保护的方法与措施，为建构旅游特色小镇的保护与更新策略提供案例支持。

（一）整体格局的保护与调整

1. 整体格局的保护

在整体格局的保护方面，国际上比较有代表性的是法国和意大利的整体性保护。法国的整体性保护经历了从周边环境保护到建筑、城市与风景保护区（ZPPAUP[①]）制度的发展（见表 8-1）。法国的建筑、城市与风景保护可分为三个层次：历史纪念物周围区域；保护区；建筑、城市和风景保护区。

以法国中央大区安德尔—卢瓦尔省的希农镇（Chinon）为例。根据《马尔罗法令》的有关规定，希农镇于 1968 年将老城区划为历史保护区，不仅对历史遗产进行保护和修复工作，还从城市发展的角度出发，利用合理的改造再利用，促进历史保护区的新陈代谢。之后，保护区范围不断扩展，把老城区周边环境也包括在内，对老城区实行整体性保护。《景观法》颁布后，希农镇在扩大后的保护区的外围划定了 ZPPAUP 范围，对希农镇的建筑群、自然风景和田园风光等进行区域性保护。ZPPAUP 围绕着保护区，构成了新的保护缓冲带。

① ZPPAUP：法国于 1983 年提出了一种新的遗产保护工具——建筑、城市和风景遗产保护区，称为 ZPPAUP。

表8-1 法国的历史环境保护

时间	法律	主要内容
1913 年	《历史纪念物法》	明确了对历史建筑、文物、纪念物等的保护，奠定了以后法国文化遗产的保护法规体系
1930 年	《自然风景、名胜地法》	对风景名胜地做出定义，并将其分为“列级风景名胜地”和“登录风景名胜地”，制定严格的保存政策
1943 年	《历史纪念物周边环境法》	一旦一座建筑根据《历史纪念物法》列级或登录，在其半径 500 米范围内的建设将受制约，并受纪念建筑视线通廊条件的限制
1962 年	《马尔罗法令》	开始划定“保护区”的形式，考虑街区的整体性保护
1983 年	《地方分权法》	将城市规划编制管理权移交地方政府，市镇可以自行制定和管理“土地使用规划”。可以在文物建筑周围以及更普遍的因其美学或历史原因而值得保护或价值重现的街区或景观地建立“建筑与城市遗产保护区”
1993 年	《景观法 》	在《地方分权法》的 ZPPAU 的概念上增加了“景观”的指向，表明法国对整片的包括建筑群、自然风景、田园风光等广义上的遗产开始进行保护

希农镇的保护区划分的演变同时也是法国历史遗产保护上的思想和实践的不断完善过程，从单纯的历史保护区到保护历史城区周边环境，再发展到 ZPPAUP 范围，体现了法国在历史遗产保护认识上的不断成熟。ZPPAUP 的划定，可以从整体上全方位地保护历史城区及其景观环境，同时使历史城区和周边环境间形成缓慢过渡带，避免历史城区与周围环境间的断裂，让城区与周边环境融合共生。此外，ZPPAUP 划定还将历史遗产的保护方式从博物馆模式走向地方发展动力模式，把保护与发展相结合，提升保护区的经济活力。这种保护方法很值得我国对旅游小镇的保护与发展借鉴。

2. 整体格局的调整

①丽江模式——开辟新镇区。为解决旧城保护与城市扩张间的矛盾，20 世纪 50 年代末，丽江（大研镇）在旧城西北开辟了新城区，把行政中心和文化娱乐中心迁至新区。表 8-2 为丽江模式做法及其优缺点。

表8-2 丽江模式做法及其优缺点

做法	· 新区根据现代生活和生产的需要，进行积极的建设与发展； · 旧城进行完整的保护，保持古城风貌，在保护的前提下将不合理部分进行改造； · 新旧区连接的玉龙桥一带，以文化休憩活动的绿化广场为主体的松散连接，形成新旧区间的景观过渡地带
优点	· 新区脱离旧城，可以按照全新的规划进行建设，自由灵活发展； · 古城的保护基本不受干扰，也不担负新的城市发展任务，从而能够顺畅地进行自身的保护更新，得到完整的保护
缺点	· 实施起来难度也较大，尤其是资金投入非常大； · 旅游开发的需求带来了古镇保护的困难，防火防盗问题、对环境影响的问题； · 原居民的迁移导致传统文化无法传承。原居民的保存是古镇传统文化能否传承延续的关键，但随着古城中的原居民越来越多地往新城外迁，旧城则成为外地人的淘金场。古城内商业气氛十分浓厚，不仅丧失了传统文化，还被外来文化刻下了强烈的商业烙印，给纳西文化蒙上阴影

因此，这种模式的调整必须处理好旅游开发与旧城保护之间的矛盾，以及原居民外迁与传统文化传承之间的矛盾。在发展新城的过程中，注重新旧的协调，形成梯度式文化开发模式，采取本地人鼓励措施，维护文化传统，培养群众归属感，重视个人对社区的参与和贡献，商业开发需遵循原真性原则。

②束河模式——开辟旅游区。束河镇是丽江世界遗产中的一部分，凭借与旅游业成熟的大研古镇便捷的地理区位，以及自身原生态的聚落风貌来发展旅游。2003 年 5 月由昆明某民营企业投资建设的“丽江束河茶马古镇保护与发展”项目开工，目的在于开发束河的旅游市场，同时对古镇保护有促进作用。表 8-3 为丽江束河茶马古镇保护与发展项目的做法及其优点和存在问题。

表8-3　“丽江束河茶马古镇保护与发展”项目及其评价

做法	· 以老村作为根基，新区作为动力，规划了街商、旅游、居住等内容； · 由古镇历史文化保护区、文化开发区和新区配套建设三部分组成； · 对老村进行了改造，包括三线入地，道路等基础设施； · 新建的村落在原有古镇的一侧单独发展，基本顺延了古镇的肌理和格局； · 新旧区分别担负不同的功能，旧区不必承担全部的开发压力，得以保持原有风貌
优点	·保护与发展有着各自的天地，能够相互渗透、相互提升，许多矛盾更容易化解，进行“整合”的优势很大； · 对于束河这种居民和政府都不够财力进行保护和发展的小镇，通过民营企业的投资在保护的基础上做适度的旅游开发，使古镇避免自行衰落，可以引入新的经济活力，不失为一个有效的方法
问题	· 本质上是一个借助世界遗产的光环，以旅游为题材的房地产项目。旧区虽然以保护为重，但毕竟还是参与了旅游经营项目，很多关乎历史遗存命运的具体举措目前握在运营商的手中，政府必须加强对运营商的运营和制约； ·最大的挑战在于如何把握古镇保护、新区发展旅游的平衡，也就是“适度”的问题。紧邻老村的新区建筑面积达到 7 万平方米，体量很大，新的生活方式和经济活动势必对老村形成威胁和“诱惑”，如何保持老村的古朴意味而不让它渐渐变质，是束河古镇保护的难题所在

从处理保护与开发的角度来看，束河古镇采取了开辟新旅游区的方式，而这个新旅游区凭借的是古镇遗产资源，因此新旅游区会尽可能靠近历史区建设。在这种模式下的旅游小镇的旅游核心区与生活核心区分离，却相互有影响。新区对老区无疑是种诱惑，如何把握古城保护和新区发展的平衡，让古城不会褪色，是这种模式下的旅游小镇的保护与更新重点所在。

③沙湾模式——旅游区和镇区相融并存。广州市番禺区的沙湾镇历史上是个经济繁荣的商业城镇，其“三街六市”的商业空间格局及空间肌理保存较为完整。在保护工作中，重点保护两条重要街道——车陂街和安宁西街。车陂街是大户人家的聚居地，拥有大量的文物建筑，是明清岭南建筑群的集中代表，文物建筑重点保护，部分建筑改造成家庭旅馆，打造成游览与住宿功能为主的街道。安宁西街是珠三角富裕乡村商业街市的代表，基本上保留了原有的商业网点。古镇街区保留了明清时期“上住下铺”特色的商铺 26 间，保留和发展“当当云吞店”“珠珠照相馆”“新新理发店”和“牛奶皇后店”等传统特色店，迁出了不协调的市场等建筑，把大巷涌路打造成特色手信一条街，安宁中路、光裕路一带打造成饮食街，安宁西街一带打造成休闲酒吧街，加强原来的商业功能。

这种模式的好处在于游客与被游客可以亲密接触，游客可以接触到旅游小镇的真实面貌，达到深入本土、了解民俗的旅游体验。同时，由于旅游小镇的原有功能没变，有利于原居民延续小镇传统文化。然而，游客的行为对原居民有直接的影响，这种模式下的旅游小镇必须处理好旅游功能和居住功能的矛盾。当然，以我国每年的旅游人数来看，这种模式只能出现在旅游影响力还不大的小镇，对旅游影响力较大的旅游小镇，这种模式的旅游承载力相对较弱，最终有可能导致向其他两种模式演变的情况。

（二）重点地段的保护与更新

1. 平遥古城重点街区的保护与不足

平遥古城的重点街区为西大街、东大街、衙门街、城隍庙街及南大街（明清街）构成的干字形街区，这些街区也是平遥古城的生活核心区，因此，平遥的重点地段是旅游核心区和生活核心区相结合，其功能也由旅游功能和生活功能组成。对于平遥古城的重点街区，处理旅游与保护之间的关系尤为重要，具体措施主要有设置混合功能用地、严格保护街区风貌及门面房开设管理等（见表 8-4）。

表8-4　平遥古城重点街区的保护与更新措施

措　施	具体内容	目　的
设置混合功能用地	把重点街区两侧的用地设置为商业金融用地与文化娱乐用地及市政设施用地（主要指电力、电信、邮政等的对外机构）的混合功能用。	可以使古城较灵活地适应市场应变，并且可增强规划的弹性、可操作性
严格保护街区风貌	进行严格的保护，对已被破坏的地段进行整治，或经过严格的考证，在尊重历史的前提下，在相关专家的指导下，报省相关部门批准后，允许还原历史原貌； 古城街巷禁止使用与建筑及环境不协调的店招、灯箱及其他装饰；禁止使用卷帘门窗及其他形式的现代门窗	保护古城重点街区的原始风貌，防止旅游过度对古城风貌的影响
门面房开设管理	禁止随意增设门面房，若增设需经专家论证，报省相关部门审批后方可	防止古城变成一座商业城

●存在问题：

①历史风貌在商业冲击下部分丧失。一方面，东、南、西、北大街手工业衰败。四大街的沿街建筑以民俗客栈、餐饮店及特产商店为主。其中，很多由曾经的“老字号”改造而成，如原来经营绸缎的长泰永号改成民俗客栈，大票号蔚丰号成了民居博

览苑。古城逐渐失去了那些让人津津乐道的“老故事”，让人感到惋惜。另一方面，城隍庙街和衙门街千百年来分别是古城文化中心和政权机关所在，规划中试图将其改造为商业街，失去了文化中心和权力中心的地位，又缺乏商业特色，处境尴尬。

②商业环境呈低质化倾向。如今平遥古城内的商业构成趋于单一化，2/3 的店铺以旅游商店为主要经营方向，经营货品构成也趋于相同，以手工艺成品售卖为主。

③沿街建筑立面细部不协调。立面更新的具体做法千差万别，沿街建筑立面在细节上缺乏联系和呼应。比如，窗格的合并种类繁多；窗格挂落等的装饰构件时有时无，且形态、色彩各不相同，色彩过多且鲜艳，以致与街区风貌不协调。

●启示：

对于旅游特色小镇而言，传统市井生活和民间手工业等非物质形态才是构成重点地段特色与魅力的重要元素。在重点地段的保护与更新中，应以保护为前提，不仅要保留物质层面要素，还应该保护传统手工业等非物质层面要素，才能避免传统风貌的丧失。

2. 石湾镇南风古灶片区的复活

南风古灶片区是古代石湾陶瓷发展鼎盛的标志，也是石湾镇的重点地段所在。改造前，片区内有 5 间工厂、12 间厂房，是石湾近现代陶瓷工业发展的历史见证。片区的改造经验主要有主题鲜明、社会功能突出及产业链整合三大特点，详见表 8–5。

表8–5　石湾镇南风古灶片区的复活

改造特点	具体措施	成效
主题鲜明	结合石湾陶瓷产业及陶瓷文化优势，发展与陶瓷相关的创意产业，建立古玩街、当代美术馆、艺术家村、艺术工厂等文化艺术展示、交流、交易、创作平台	通过体验式的展贸空间，使游客感受工业生产过程，近距离观摩并且亲身体验生产过程，促进传统文化传承及艺术品展销，同时吸引与陶瓷制作、展贸、媒体等行业的人才集聚
社会功能突出	把商店、餐馆、办公、电影院、图书馆等文化艺术、商业配套功能融为一体，并不断升级和更新生活服务设施和交通设施	现在有 20 多家餐饮、电影院、艺术商务酒店、酒吧等生活服务企业，可以满足游客及工作人员生活、休闲娱乐的需要。打造成为兼顾“综合体”功能的创意园
产业链整合	既注重陶瓷产业链的整合，也注重相关配套产业的产业链的整合。从陶瓷产业入手，逐步延伸到建材行业，通过产业链的方式将各类企业的总部集聚起来，企业之间能够相互利用资源，相互交流，节省成本，保证信息的畅通	产业链的垂直整合在于以中小企业总部为核心集聚一些研发、设计等相关的企业，如中小陶瓷企业总部、国内展厅、装修装饰设计、陶瓷设计公司、广告公司等，这些公司之间可以进行交易，因此能够降低它们的信息交流成本和交易成本

石湾镇是非物质遗产型旅游小镇在传统产业复活与传承的代表。片区处处强调陶瓷产业和文化的主题，古为今用，延续了传统产业，且最大限度地保留历史文化，注重传统建筑与现代建筑的统一，营造风格统一的陶文化空间环境。

3. 意大利罗马古城的保护措施及建档工作

意大利罗马市政府文物管理局制定了相关法规以确保历史文物建筑不被损坏，并投入了大量资金进行保护性修复。罗马的城市规划者和建筑家也把保护和维护古建筑视为光荣的职责。罗马古城的保护措施值得旅游小镇的保护借鉴（见表 8–6）。

表8–6　罗马古城的保护措施

保护措施	具体内容	目的与成效
指导思想	在罗马已经形成了不成文规定：在建设施工中假如发现了古迹遗址，一定要停建并且避开现场；新建建筑的高度，不得超过梵蒂冈圣彼得教堂穹顶（138 米），以保护罗马城和谐的城市空间	至今仍保存有 2/3 的城垣未被拆除风貌保持完好
建设新区	自 20 世纪 20 年代起，罗马决定在老城以南 6 千米处建设一个高度现代化的新罗马城	防止建设新楼时破坏旧城区鳞次栉比的摩天大楼，与老城区形成鲜明对比，丰富了罗马形象
控制古城车辆	颁发通行证和特殊车牌等措施，控制进入古城区的车辆。	保护古城的大理石古建筑，避免汽车尾气对历史建筑的损害
环境保护	投入大量的资金在空气净化、污水处理、交通改善等环境保护方面	——
古城建档	设立专门机构，负责古城和历史文化遗产资料收集、整理、登记工作； 运用微机、航测技术等高新科技，为每座古城、著名古建筑建立档案，建立声像档案，快速直观地传递信息； 把全国各地古建筑遭受损坏的情况及其原因，建立卡片，汇集成表格和图像，输入计算机，以备随时调出使用。	保留各个历史时期的信息，从而保持古城和古建筑的历史风貌；在档案的收集、管理工作中广泛采用现代技术手段，加快工作节奏，提高工作成效

罗马的历史遗产就是其重要的旅游资源，古城即罗马旅游的重点地段。罗马在历史遗产保护意识及古城建档工作上对物质遗产型旅游小镇的保护与更新有参考价值。

（三）空间架构的保护与更新

1. 边界的保护与更新

平遥、荆州、寿县、兴城的城墙保护与控制（见表 8-7）。

四座城墙的保护手法类似，均将城墙与各部分地区整体考虑，保护范围的划分主要为以城墙为中线分层次划分，控制策略主要有保护古建、拆除不协调建筑、恢复和增添绿化、保护水域空间等。

表8-7　平遥、荆州、寿县、兴城四座城墙的保护与控制措施

<table>
<tr><th>项　目</th><th colspan="2">保护范围划分</th><th>保护措施</th></tr>
<tr><td rowspan="4">平遥</td><td>城墙内部分</td><td>绝对保护区</td><td rowspan="2">恢复护城河及绿化，拆除所有建筑，并列为文物保护范围</td></tr>
<tr><td rowspan="3">城墙外部分</td><td>绝对保护区</td></tr>
<tr><td>一级保护区</td><td>保留农田，逐步拆除区内所有建筑，结合绝对保护区建成环城公园</td></tr>
<tr><td>三级保护区</td><td>要求建筑体现时代气息，以突出古城风貌</td></tr>
<tr><td rowspan="2">荆州</td><td colspan="2">古城墙文物保护范围（土城、砖城和护城河外沿）</td><td>按《文物保护法》依法进行保护；
要求在护城河的范围内保护好现有水域面积，严禁填埋。保护古城生态环境，将田园、绿地、水系等绿色空间楔入城区，继承和发扬古城空间格局和空间形态特色，治理、疏浚护城河、荆沙河，保护好古城水域空间</td></tr>
<tr><td colspan="2">城墙向内侧延伸 100 米范围</td><td>整治形成一条城墙风貌带</td></tr>
<tr><td rowspan="2">寿县</td><td colspan="2">核心保护区（城墙外缘以外 50 米、与水域相连的为水域以外 50 米，城墙内缘以内 50 米范围内）</td><td>不得进行任何建设，原有建筑逐步拆除，并保持原有水域</td></tr>
<tr><td colspan="2">建设控制地带（核心保护区两侧 200m 的范围内）</td><td>不再建设 2 层以上建筑，原有 2 层以上建筑逐步改造、简层（文物建筑除外）</td></tr>
<tr><td rowspan="3">兴城</td><td colspan="2">城墙的保护范围（古城内自城墙内墙基外延 20 米，到古城外自城墙外墙基外延 20 米的范围）</td><td>不得拆除、改建原有古建筑及其附属建筑物，不得破坏原有文物，不得添建新建筑和进行其他建设工程</td></tr>
<tr><td rowspan="2">建筑控制地带</td><td>Ⅱ类建设控制地带（古城内除保护范围外以及古城外的保护范围外 100 米内的建设控制地带）</td><td rowspan="2">—</td></tr>
<tr><td>Ⅲ类建设控制地带（Ⅱ类建设控制地带外 100 米内）</td></tr>
</table>

2. 路径的组织

意大利卢卡古城位于卢卡的正中央，有 2000 多年历史。为保护卢卡古城的格局，卢卡进行了隔离带设置、内部交通组织、内外交通衔接等方面的努力（见表 8-8）。

表8-8　意大利卢卡的保护措施

策　略	具体措施	目的与成效
隔离带设置	古城外围设置 100 ～ 200 米宽的绿化隔离带，隔离带内禁止建设。隔离带外围作为新城的城市建设用地，将大型公共设施和新增的城市建设用地布置在城外	使古城的活力不至丧失，古城不仅仅有参观游览的职能，还保留了居住和商业等部分城市职能
内部交通组织	内部分区：对古城交通流量和古城内居民出行方式的分析，将古城分三个片区，每个片区分别设置一个入口和一个出口； 在古城的出入口处设置停车场	完善公共交通和慢行交通设施，方便游客以步行或自行车方式进入古城； 完善古城出入口的停车场等设施，方便机动车泊车，从而减少机动车进入古城
内外交通衔接	外围环路：沿古城外围绿化隔离带设置环路，一方面和新城的主要干道相连，另一方面和古城的出入口相连接； 入口停车场：结合区域在入口设置停车场，进一步减少进入古城的机动车量	一步步减少了古城的机动车流量，使古城居民在享受现代文明的同时，最大程度地减少机动车对古城带来的干扰，保证了古城内部安静、清幽的气氛

卢卡古城没有让建筑破旧、街道狭窄、市政设施不全等问题阻碍居民享受现代化生活，古镇居民同城市其他地区的居民一样享受着便利的市政设施和便捷的现代交通。这样可以减少居民外迁现象，保护古城文化的传承，从而达到在本质上保护历史古城的做法。对于物质文化遗产型旅游小镇来说，卢卡的交通组织、市政设施等措施十分值得我国旅游特色小镇在处理旅游与生活矛盾上借鉴。

3. 公共空间的管理

布达拉宫是拉萨最具代表性的旅游景点，每年旅游旺季时日接待游客和朝圣者达到 5000 人。庞大的游客和朝圣者数量对布达拉宫产生了巨大的影响。解决旅游旺季的游客与朝圣者冲突，同时满足朝圣者的仪式开展和游客的游览体验需求是布达拉宫管理上的一个重点。

为解决游客和朝圣者的问题，布达拉宫采取了多个措施，如表 8-9 所示。

表8-9　布达拉宫的管理措施

策　略	具体措施	目的与成效
调整开放时间	在旅游旺季（每年 5 ～ 10 月）游客的参观时间，从原来 9：00–16：40 调整为 7：30–18：40，其中 9：00–12：30 游客比较集中，对朝圣者关闭； 对朝圣者开放时间为每日 13：00–18：00，这一时段内游客较少，对朝圣活动影响较小。	通过错开参观时间，很大程度上解决了双方使用公共空间上的冲突

续 表

策　略	具体措施	目的与成效
延长游览时间，限制游客数量	每年旅游旺季（5 ～ 10 月）对游客人数进行限制，每日接待游客 850 人次，平均每 30 分钟内进入 50 人	通过分散客流减轻了建筑物的承载压力，同时保证了游客的参观质量
朝圣活动管理	根据传统习惯，朝圣者经常会手持明灯和香火进行朝圣，对布达拉宫里的木结构建筑带来消防隐患。1998 年以后管理处对佛殿内酥油灯的灯芯进行了数量限制，同时实行禁止朝佛群众手持明灯和香火等措施	—

布达拉宫的管理为旅游小镇在公共空间上处理游客和原居民冲突提供了参考。在公共空间管理，尤其是作为历史遗产的公共空间的管理中，经常存在当地人与游客在公共空间使用中的冲突。随着旅游的发展，原本为当地人所使用的公共场所正面临着来自游客和旅游业的压力。在公共空间的保护和利用中如何平衡游客和当地人的利益是每个旅游小镇都面临的问题。

4. 建筑、院落的保护与更新

①平遥院落的保护与更新。平遥县县城 2000 年的总体规划把平遥古城的院落按风貌保存的完好程度分为重点保护院落、一般保护院落和保留院落三种，并规定各自保护措施（见表 8–10）。

表8–10　平遥院落的保护与整治措施

<table>
<tr><th>分　级</th><th>内　容</th><th>保护价值</th><th colspan="2">保护措施</th></tr>
<tr><td>重点保护院落</td><td>513 处典型民居院落</td><td>形态完整，院落环境较好，是古城院落的典型代表</td><td>严格保护院落格局及传统氛围，将其分级挂牌、建档</td><td rowspan="3">院落长宽比控制；
大门的设置及形式控制
中门的位置、形式及细部处理控制；
院落内铺装控制</td></tr>
<tr><td>一般保护院落</td><td>其余院落</td><td>形态完整，院落环境一般，是构成古城的主要院落</td><td>保护院落格局中的传统部分，整治非传统形式进行改造翻建</td></tr>
<tr><td>保留院落</td><td>三级保护区内连排式院落</td><td>空间肌理与古城传统肌理不符，建筑新旧混杂</td><td>可保留现有院落格局，不得以非传统形式进行改造翻建</td></tr>
</table>

②在平遥建筑的保护上，分为保护建筑、整治建筑和新建建筑三种，其中保护建筑分为文物建筑、保护类建筑和改善类建筑三种，并分别规定各自的保护措施（见表 8–11）。

表8-11　平遥建筑的保护与整治措施

分类		内容	保护价值	保护措施	
保护建筑	文物建筑	已划为文保单位及建议新增为文物的建筑	具有极高的历史文化价值	遵守文物保护法中规定的措施对其进行保护。	
	保护类建筑	部分未列入文保单位的传统建筑	有很高历史文化价值	禁止未经许可的建设活动，不允许对建筑主体部分的外观及内部做改变其特征的改动	
	改善类建筑	其余建筑	具有较高的历史文化价值	按建筑质量评级，分好、中、差三种，分级保护	
整治建筑	保留类建筑	有保留价值的现代建筑（含现代仿古建筑）	建筑风貌、体量、位置与古城风貌大致相协调	整治保留类建筑中与古城建筑风貌相冲突的部分，使其与古城风貌相协调	
	更新改造类建筑	无保留价值的现代建筑（含现代仿古建筑）	建筑风貌与古城相冲突	进行更新改造	
新建建筑	在重点院落中新建	—	—	不得破坏现有院落格局及尺度	控制建筑限高、院落地坪限高、建筑形式、材料、色彩以及规定建筑间距等
	在一般院落中新建	—	—	以完善院落布局为目的	
	在保留院落中新建	—	—	以满足有关日照、通风等要求为原则	

二、安徽省旅游特色小镇典型案例建设模式经验借鉴

（一）安徽寿县人文旅游特色小镇开发与建设

1. 安徽省寿县人文旅游资源开发理念及模式构建

（1）古城活化开发理念

基于安徽省寿县人文旅游资源开发情况，汲取学术界诸位学者研究精华，本书提出“可持续发展的活化开发理念”建议寿县人文旅游资源开发过程中可以秉承此核心理念。这里所借鉴的遗产活化理念虽然来源于建筑学，但在旅游界对历史遗迹或是物质和非物质遗产研究时也偶有使用，如吴必虎在《古城重建不如古城活化》中就对“活化开发理念”有过具体说明。因而，笔者认为“遗产活化理念”适用于指导当下中国很大一部分的历史文化名城的旅游开发。历史文化名城作为特殊的人文旅游资源载体，历史文物、遗址遗迹等单体资源数量较多，因而对古迹遗址等的开发必须要考虑到可持续发展的问题，在保护与开发的博弈中，寻求制衡点，真正实现以开发促保护。活化开发，即指在保护继承的基础上实现旅游的开拓与创新，或者说是旅游目的地依据其自身特点对旅游地相关文物古迹或遗产在保护的基础上进行活化。那么寿县

如何实现人文旅游资源的“活化开发”呢？此部分将对寿县人文旅游资源开发目标的确立和开发模式的构建进行具体说明。

（2）人文旅游资源开发目标及开发模式构建

基于以上研究，笔者提出采用“主—亚核”联动开发的模式，并以构建寿县为文化型游憩功能城市为其规划目标。下面是对开发模式及规划目标的具体说明。

①文化型游憩功能城市的概念。所谓“文化型”，可以是历史文化、民俗文化或其他特色文化等，但需要具有一定的文化独特性或独有性。而这种文化在开发过程中需要具体化、突出化。所谓“游憩功能”，强调的是在对旅游目的地开发过程中凸显其休闲度假功能，既要能创造闲适无压力的休养环境，又能够具备城市的各种便捷功能。提出打造寿县旅游目的地的游憩功能是因为寿县人文旅游资源开发价值权重较高的是观赏游憩价值，而且在旅游业快速发展的时代背景下，一国或一个地区国民生产总值达到 3000 美元时，即表示这个区域进入休闲度假市场快速发展的阶段。[①] 从 2010 年我国人均 GDP 达到 4461 美元来看，我国已经进入了休闲度假旅游阶段。同时，国家近年来颁布的各类文件及实施的各种政策中都体现出我国旅游发展新时期的到来。此外，国家明确提出到 2020 年要切实落实全民带薪休假制度，为发展休闲度假旅游提供了基础必备条件。

②对“主—亚核”文化型游憩功能城市开发的具体布局，通过实现逐片专用目的地开发的方式，形成“主—亚核”联动开发模式。“主核”就是绵延 7 千米城墙所围着的 3.65 平方千米的古城，主要以创新性文化旅游产品及研学旅游产品开发为主。“亚核”是指依托散落在郊区的人文旅游资源单体，划片开发并建立不同功能主题的“专用旅游目的地”，如乡村旅游目的地、野外宿营地、休闲运动目的地等，可以形成多个“亚核”共同发展的开发格局。每个“亚核”都有其特定的游憩功能，可以满足不同游客一系列深层次的心理需求。利恩（Cohen）、泰勒（Taylor）、克伦普顿（Crompton）、马西森（Mathieson）和沃尔（Wa1l）的研究表明，游客的心理需求主要包括逃离世俗的心理需求、放松的心理需求、娱乐的心理需求、强化家庭关系的心理需求、身份地位的心理需求、社会交往的心理需求、学习的心理需求、自我实现的心理需求、实现愿望的心理需求和购物的心理需求等，这些心理需求都会影响人们对度假类型的选择。因而，本章节提出采用“主—亚核”联动开发模式，以文化型游憩城市开发为目标，通过以一个主核为中心，多个亚核共同开发的形式，实现多样化的人文旅游产品的开发，来满足游客的不同需求，以达到吸引更多游客的目的。

本书之所以提出“主—亚核”联动开发的模式，一方面是基于“核心—边缘”理论，结合现阶段旅游业发展的环境及背景；另一方面是借鉴旅游目的地尺度内旅游资

① Robert H Wood. Important Issues for Growing Timeshare Industry[J]. *Connell Hotel and Restaxirant Administration Quarterly*：Ithaca，Feb. 2001：4.

源集聚分布的原则和区域尺度内的整合原则，前者指在旅游目的地尺度内吸引物集聚分布的原则，后者则是较之前者更为复杂和全面的原则，即要考虑周边或是相关联的更多的资源区域。这两个原则也正是要求在开发过程中需要关注并发掘区域内原有的市井风情和分散不耐看的小景点，整合使其形成“群星”，再结合区域内的“月亮”，达到“群星拱月”的开发态势，从而形成区域整体优势，实现对资源产品的创新。[①]

2. 寿县人文旅游资源开发具体对策分析

（1）主核改造与亚核开发

①古城风貌恢复及相关改造。目前，寿县古城内部风貌已经遭到严重破坏，“修旧不如旧，仿古不似古”让古城变得“古不古，洋不洋”。2014 年 7 月，寿县与其他七座古城墙一起踏上“申遗”之路，古城内建筑风貌的保护、恢复与改造工作将成为古城保护与旅游发展的重要内容。在近些年许多历史文化名城或世界遗产地的建设经验中，建筑风貌延续问题都成为关注的焦点，如安徽省绩溪、西递、宏村等遗产地在改造和建设的过程中借助“白墙黛瓦和马头墙”等传统元素的统一化使用，以“徽文化”为地方建筑及文化的灵魂载体，有效地实现了区域风貌的延续和文化内涵的凸显。虽然也有学者提出风貌延续与特色塑造的困惑，提出有关“审美疲劳”的质疑，但是不得不说这种统一的外部建筑风格和色彩体现了当地的特色文化，形成徽州地区特有的文化标识，起到了很好的宣传效果，对游客也产生强大的吸引力。一座历史文化名城既然有历史、有文化，那首要的是清楚发掘什么历史和什么文化，从中萃取出最具代表性的、独一无二的一段历史或一种文化，来统一古城建筑风貌，而不是采用笼统的、普遍存在的“仿古建筑”，古城能否活化，“仿”什么古很重要。

对寿县而言，就现有研究表明，值得称道的历史主要是后楚时期，而城墙及部分古建筑群又属于宋代时期，因而寿县在古城风貌恢复前首先要确定以哪一段历史为主，选择什么样具有标识性的可以与其他历史文化名城相区别的建筑风貌，改造古城内近现代建筑使其与历史文化和现存古建筑群落能在建筑风貌与外观色调上保持一致。

②街巷文化的恢复。寿县古街巷是当地一笔宝贵的人文旅游资源，因其或以姓命名、或以巷叙事、或以巷记史而各具特色。比如，“留犊寺巷”的名称就有千年历史，据载是东汉末年寿春县令时苗上任时带一辆牛车，后“居官岁余，牛生一犊”，离任时说，犊为此地所生，遂留犊而去。寿春人为纪念他的清正廉洁，以此为巷命名。这种故事在寿县很多，可以说寿县每条街巷都有源远流长的史事与传说，但已有开发却没有在街巷文化上深度发掘，街巷中的部分单体资源没有与古城整合开发，没有为游客营造在古朴宁静的街巷中感受古城深厚历史和文化的氛围。

③古城内交通的改造。古城内部交通拥堵极大地限制和影响了古城旅游的发展。

① 梁明珠．客源型旅游地旅游资源开发刍议：以广东、上海为例[J]. 旅游学刊，1995，10（4）：39-42.

造成拥堵的原因有两个，一是居民太多，虽然现在政府已经在将城内居民外迁，但至今城内居住人口依然庞大，不利于旅游开发及发展，因此，对城内当地居民数量的控制及限制，是发展古城旅游的另一关键问题所在；二是城内车辆管理混乱，内部交通现状亟待改变。寿县古城内需要通过禁止机动车辆进入、推行绿色观光游览车的方式来解决城内拥堵问题。游览车的设计可结合寿县整体文化风韵，与建筑风貌相协调，甚至可以结合实景演艺，还原部分历史交通工具，对游客来说，这也是真正体验和融入寿县古城文化氛围的一种参与方式。因而按照寿县街巷文化设计游览线路，以统一的绿色游览车串接寿县街巷，形成特色旅游线路，结合史事传说，深度发掘景点，应该可以成为寿县人文旅游资源开发的重点。

④新城功能定位。寿县在建的新城基本是按现代化的设计形式建造的，其间虽然也掺杂一些仿古建筑，但已然全无古韵。因而对新城的功能定位为娱乐和购物区，建设重点应着眼于功能完备，设施便捷，各项基础设施配套到位。打造多样化娱乐场所，亦可效仿丽江古城和阳朔西街，打造酒吧文化和演绎文化，形成时尚动感的娱乐区，与古城相映成趣，形成既能让游客感受厚重文化，沉静心境，又可以休闲娱乐充分放松，富有时代气息的度假地，满足游客的不同需求。在城市化的步伐中特别要注重的环境问题，这也应该是寿县在旅游开发过程中需要重点关注的。环境是寿县旅游业发展的根本保障，生态环境破坏了，深厚的历史文化资源就失去了最有价值的载体①。

⑤“亚核”专项旅游目的地开发。“亚核”专项旅游目的地开发是基于寿县除古城之外，对周边散落的遗址、遗迹进行的捆绑式开发的战略。因为分散，所以一直以来都呈现各自为政、散状经营的状态，通过“亚核”专项旅游目的地的开发，可以有效地将各个散落的文化景点联系起来，形成规模经营和集群效应。“专用旅游目的地”这个名词在国外旅游研究中早已不是新鲜词汇，埃里克·科恩（Eric Cohen）和克里斯·瑞安（Chris Ryan）都有提及并倡议建立专用旅游目的地，他们在研究中提及建立这类旅游目的地是为了避免游客进入未被破坏的自然景区，具有环境友好的特征。结合国家倡导的积极发展休闲度假旅游，大力发展乡村旅游及创新文化旅游产品等。笔者所提出的建立“专用旅游目的地”，既借鉴国外研究者所提出的以环境友好为目标，同时结合我国旅游业发展现状及国民需求，提出每个专用旅游目的地为一个“亚核”，每个“亚核”有特定的主题。

比如，距寿县约30千米的安丰塘景区，古称“芍陂”，是春秋时期“楚相孙叔敖”所造，至今已有2600多年历史，是我国古代著名的水利工程之一，但有着深厚文化底蕴的安丰塘景区却是游客寥寥。不论是访谈游客还是当地居民，得到的说法大体一致：“初看水塘是很大，有些震撼力，但是细看这个景区除了一个大水塘和一个小亭

① 徐梦周，王祖强．创新生态系统视角下特色小镇的培育策略——基于梦想小镇的案例探索[J]．中共浙江省委党校学报，2016（5）：33-38.

子，其他什么也没有了，游客最多停留半小时，吸引力不强。”文化景点过于单一化的孤立开发是造成寿县周边散落的景点吸引力不强的主要原因，因而可以依托每个散落的文化景点，开发“亚核”专项旅游目的地，使每个“亚核”有一个主题，通过这种方式实现单体人文旅游资源的多元化开发。以安丰塘为例，可以以它为中心形成一个休闲运动“亚核”区，主要以各类户外运动为主，如垂钓、山地车、高尔夫等，接待自驾游的游客，推行“4+2”家庭周末度假游模式。这种模式是指到了这个“亚核”景区，自驾游家庭可以自带自行车，也可租用当地自行车，主推短时休闲度假主题。再如，寿县西郊原瘦西湖农场附近可形成休闲农业“亚核”度假区，主推观光农业、采摘体验。游客可采摘，充分体验劳动过程和享受劳动成果，这种开发模式也具备很好的教育和科普作用。同样，在城北的八公山区也可以结合山上古庙遗址，以及每年庙会等节庆活动，开发创意旅游产品，形成一个独立“亚核”。

通过这种“亚核”专用旅游目的地的开发，结合“主核”——古城人文旅游资源开发，可将寿县打造为文化型游憩功能城市。历史文化名城赋予寿县文化旅游产品开发的金字招牌，而贴近乡村又不失城市各项便捷设施的新城和周边各个特色“亚核”旅游区，都是打造寿县成为“文化之城、休闲之都”的有利条件。只有招来了游客，留住了游客，把到寿县观光的游客变成度假的游客，才能让寿县人文旅游资源发挥其旅游开发的经济价值和社会效益。

（2）品牌重塑与客源市场定位

①品牌重塑。寿县虽然从 1986 年开始打着“历史文化名城”的金字招牌发展旅游业，但至今依然是发展缓慢，原因之一就是寿县大而化之地用“历史文化名城”作为它的城市旅游形象和品牌，是不足以展现人文旅游资源特色与旅游目的地品牌形象的。全国历史文化名城有 126 座，安徽省有 5 座，寿县只有重塑旅游品牌，才能和众多历史文化名城相区别，才有可能从中脱颖而出。根据上文分析，笔者建议将寿县人文旅游资源开发的形象定位为“文化之城、休闲之都”，主要通过特色旅游产品打造“历史文化型休闲度假胜地”。需要说明的是，这里的定位只是框架性的定位，关于打造的具体文化，休闲的具体主题有哪些，鉴于本书研究内容有限，不做展开分析。一般情况下提及“休闲度假胜地”人们都会想到名山大川或是海滨胜地，而如何将历史文化名城打造成休闲度假胜地，就是上文已经说明的“主—亚核”联动开发模式，依托历史文化名城资源，整合开发专用旅游目的地的特色产品，塑造寿县全新的旅游品牌形象。

②客源市场分析及定位。随着安徽省的融入，长三角的同城时代即将到来，这将推动更大范围的城际旅游的发展，寿县旅游发展也迎来了新机遇。根据对国内旅游市场的分析以及寿县旅游业发展阶段的研判，对于寿县的客源市场定位，一级市场主要是以寿县为核心的皖江和皖北城市带。寿县周边的资源型城市居多，工业产业相对发

达的城市多为客源地，而旅游发展的地方即为目的地，在周边自驾车3小时城市圈范围内，寿县应该是较为适宜发展旅游的，可以作为这些工业城市及区域经济和政治中心城市的后花园。随着旅游业的不断发展，寿县客源市场可以扩展到自驾车6小时城市圈，不仅可以成为安徽大部分城市游客的度假地，也可以成为湖北、河南等周边省份的度假地，最后辐射整个长三角地区。总而言之，目前对于寿县的主要定位就是打造周边城市居民短线旅游目的地，大力推广周末游和城际游。

随着休闲游时代的到来，部分“亚核”景区可以实施会员制，对寿县除新城之外的“主—亚核”目的地实施“限游式”管理，以景区最佳容量为上线，为游客提供舒适的休闲环境。资源独占性不强的旅游目的地并不能单纯依靠资源特色来占领市场，还需要靠特色产品、定制化服务和优化的管理来获取市场份额。虽然目前寿县客源市场依然是以中端消费市场为主，但在未来也可以适当地打造部分精品化旅游目的地，实施定制化管理，优化度假环境，为分时度假的高品质要求的小众游客提供高质量的度假环境与服务。

（3）政府作用与政策支持

①政府作用。在人文资源型旅游目的地的开发及其区域旅游业发展过程中，政府作用无可替代，而政府对发展旅游业的信心、决心及政策的支持力度也将直接影响区域旅游业的繁盛程度。政府可以有效地协调社会多方力量，统筹各部门，实现对旅游目的地的整体形象宣传。但是，目前很多地方政府旅游管理部门权力小、职能弱，难以统筹各相关部门推动旅游业的发展也是客观存在的问题。政府行为在当代旅游业发展过程中大体可以分为三个层次：一是中央政府的宏观决策，二是地方政府的综合管理职能，三是各级旅游主管部门的行业管理职能。在中央政府宏观决策层面，现阶段中央政府对旅游业的发展重视程度是有目共睹的。在地方政府层面，近年来地方政府发力推进旅游业发展的例子层出不穷，如云南省就是采用政府主导型发展模式，设置旅游行政管理部门，通过直接介入的方式实现对地方旅游业的垂直管理，同时确定旅游业优先发展的产业政策，并在云南省政府强势推动下，顺利实现了旅游经济的快速增长。由此可见，政府的支持对区域旅游发展可以产生积极的作用。因而在很多地方，政府主管旅游的部门旅游局相继升格为旅游发展委员会，如云南、海南、江西、广西等省、自治区，以及海口、杭州、黄山等市。升格后的旅游主管部门被赋予更多职能，也拥有协调多个部门统筹发展旅游业的能力。寿县的旅游发展存在政府作用小、功能差的问题，尤其是涉及历史文化和遗址遗迹旅游地资源的开发问题，对政府能力的要求更是不可忽视，这就需要通过部门机构配置的调整、部门职能的升格等措施来提升旅游主管部门能力。

②公共政策支持。公共政策支持及政策导向是寿县人文旅游资源开发的前提条件，旅游公共政策干预可以拓展人文旅游资源开发的深度及广度，公共政策的干预可

以加快区域旅游产业发展的速度，实现产业发展促进资源开发、资源开发服务产业发展的良性循环。在寿县人文旅游资源开发过程中，地方政府的公共政策支持主要集中在以下几点：

第一，人文旅游资源开发过程中各项优惠政策的保障，其中包括土地政策、财政政策及金融货币政策等，这些政策组合的干预及实施也是政府促进目的地旅游项目开发，加快旅游产品转型升级的有力手段和措施。

第二，加大地方投入，兴建基础设施。基础设施是旅游业发展最为重要的辅助性条件，也是人文旅游资源开发中最为重要的配套服务设施。基础设施建设的好坏直接影响旅游资源开发品质的高低，也影响游客的旅游体验，关系到他们的满意度。但因其公共属性，必须要由政府牵头，给予强有力的政策支持才能实现基础设施的兴建与优化。

第三，内外部交通的疏通及便捷的交通网络的建立。可进入性是人文旅游资源开发的先决条件，人文旅游资源开发再好，景区进不去或者出不来，流速、流量不匹配，交通辅助设施跟不上，都将大大削弱人文旅游资源开发的效果。

第四，政府统一宣传和营销的政策支持。由政府主持的旅游目的地推介会等营销手段，对市场的开拓有着不可替代的效果，因为政府宣传和营销的角度是针对旅游目的地的整体营销，能够产生各个旅游经营者单体营销所无法达到的效果。

第五，规范旅游开发旅行社、景区、旅游交通、饭店等旅游企业的运营及服务，通过协调与监管等方式来确保当地人文旅游资源获得“保护式”开发，从而实现旅游业的可持续发展。对旅游企业的运营及规范化服务的监管，是地方旅游业健康持续发展的有力保障。

第六，旅游人才的保障。人才是一切发展的根本性条件，科学的开发、合理的经营、规范的管理及优质的服务都需要人才的保障。通过政府统筹与地方高校和研究机构的合作以及引进人才的方式，可以切实保障优质的人力资源的输送。

（4）统筹规划与市场参与

①统筹规划。对寿县人文旅游资源统筹规划是必须重视的一点，统筹规划的主体一般是政府或行业协会，统筹规划的目的包括以下几方面：

第一，统筹规划有助于破除各个景点间的恶性竞争。寿县很多景点是以长期承包的方式分散在各个承包经营商手里，运营过程中形成恶性竞争的市场环境，这就需要政府或行业协会协调各个经营主体共同发展，也只有统筹规划，才有可能实现寿县“主—亚核”联动开发模式。

第二，统筹规划有利于旅游产品开发差异化战略的实施。区域内同质产品很多，如安徽境内国家级历史文化名城就有 5 座，统筹规划可以打破产品同质化、单一化，实现差异化发展，还可以破除高等级旅游目的地的“遮蔽”效应，如安徽黄山历史文化名城歙县对寿县就会产生较大的遮蔽。通过统筹规划，实施差异化旅游产品开发战略可以有效规避上述问题。

第三，统筹规划可以在旅游产业集群自组织和被组织的演化过程中起到有力的推动作用。[①] 旅游产业集群是一个庞大的系统，虽然在自然界和社会长期演化选择和演化过程中可以形成优化的进化方式，但是统筹规划的外力作用能使其在较短的时间内形成一套效率较高的循环方式和演化道路，尤其是对大系统下无法自觉与主系统保持一致的小系统的协调，都能起到很好的规范作用。

②市场参与。鼓励市场参与是寿县人文旅游资源“主—亚核”联动开发模式实现的关键。政府财政支持是有限的，需要实现寿县人文旅游资源全面开发与深度发掘，必须鼓励社会资金的参与。社会自营资本参与寿县旅游规划和发展不仅能为寿县旅游业发展注入强劲力量，也是实现寿县人文旅游资源开发中社会价值的直接手段。社会资本参与不仅可以解决政府投资不足的问题，也可以带动旅游企业创收，增加就业岗位，为本地居民谋福祉，有效延展旅游业发展的社会效应。

（5）区域联动与协调利益相关者

①区域联动。寿县在区域位置上具有一定的特殊性，从小范围上看，它地处合肥经济圈内、皖北城市带边缘，行政隶属皖西的大别山区域，地理位置又与八公山旅游带无法分割；从大范围上看，寿县位于长三角，东连上海、南京，中连巨阜、武汉城市群，又与昌九城市群相交。因而对寿县旅游目的地的开发区域联动，实现旅游规模效益非常重要。具体联动区域可以有以下几个方面：

第一，与淮南市的区域联动，实施整体开发，形成大八公山旅游区，借助淮南的连接效应，与茅仙洞和峡山口的厚重的文化旅游资源相结合，开发历史文化游与淮河风情游相结合的生态文化产业集聚区。

第二，加入六安多彩旅游区的发展，依托大别山的生态品牌资源，开发其富有特色的古色休闲区。与六安其他县域联动，特别是霍邱县共同开发水利景观游等项目，实现区域景观呼应，实现旅游联动开发。

第三，与安徽省会城市合肥联动，借助其强大的旅游集散功能，扩大寿县旅游目的地的客源市场，增强寿县旅游业在全省乃至更大区域的影响力。

②协调利益相关者。寿县人文旅游资源开发过程中涉及的相关利益主体主要有政府、景区承包经营者、旅游开发公司、当地居民及相关的私营企业，所面临的焦点问题有以下几个：

第一，旅游开发公司如何与文物保护部门协调，实现人文旅游资源的活化。

第二，在与当地居民访谈的过程中发现有不少居民不愿迁出古城，如何协调居民利益与古城开发的问题。

① 卞显红．基于自组织理论的旅游产业集群演化阶段与机制研究——以杭州国际旅游综合体为例[J]．经济地理，2011，31（2）：328-332.

第三，古城内部在开发过程中，尤其是对部分建筑的开发利用可能会涉及相关私营企业经营场所变动和改造的问题。

面对寿县人文旅游资源开发过程中所涉及相关利益主体协调的问题时，协调主体应该是政府部门或行业协会，在协调利益相关者的过程中可以遵循“谁开发、谁受益；谁支持，谁受益”的原则，以补偿式发展，突破人文旅游资源在开发过程中诸多主体间的矛盾。具体地说，关于部分景区私人承包商的利益问题，政府可以通过互相参股的方式，将独立的私人承包商利益联结起来，让大家有“一荣俱荣，一损俱损”的集体感，也可以成立景区管委会或协调会来协调各个私营景点统筹开发。政府要遵循“简政、放权、搞活”的管理思路，赋予开发企业一定的权利，既有利于人文旅游资源的活化开发，又可兼顾协调开发企业的利益。关于居民外迁和私营企业支持的问题，可以通过一些鼓励政策来实现或者可以实施古城内居民和企业参股的方式，鼓励居民和私营企业支持旅游资源开发，旅游业发展后就可以让相关居民和企业从中受益而获得补偿。

（二）安徽省安庆市怀宁县石牌戏曲文化特色小镇建设

1. 戏曲文化特色小镇建设取得的成效

（1）戏曲文化特色小镇建设已初具雏形

2017年，石牌镇围绕传承弘扬戏曲文化主题开始了戏曲文化特色小镇创建工作，在地方政府的大力支持和努力推动下，如今特色小镇已初具雏形，形成了“一带、两环、三心、四片区、多廊道”的功能布局，特色小镇建设步入全面推进阶段。地方政府结合小镇主题定位，聘请了北京城建集团科学编制特色小镇规划，目前已初步完成了戏曲文化特色小镇概念性规划、石牌镇总体规划和重点片区控制性详规，为特色小镇的建设提供了指导。在重点项目推进中，石牌文化站社会化运营试点项目已经建成对外开放，小镇工程现已全部竣工，总投资15.59亿元的徽班博物馆、游客接待中心、京黄大剧院等10个重大项目已完成招标工作，均在有序推进中。特色小镇重点项目的建设逐渐补齐了小镇基础设施短板，公共文化服务配套工程开始逐步推进，完善了小镇的旅游、文化和社区功能，促进了小镇产城人文功能融合，同时增强了辐射周边乡村地区的能力，促进了石牌区域经济迅速发展。

（2）戏曲文化资源保护与传承得到加强

在政府的大力推进下，石牌镇戏曲文化资源保护与传承取得了一定的成效，完成了《石牌历史街区发展与保护规划》，3.8公顷的古街及民宅，9处历史建筑和51处风貌建筑得到修复整治，6处戏服、戏剧盔帽、道具作坊和600套戏曲文化相关资料得到了有效整理和保护。现在石牌镇共有2处县级文物保护单位、6处不可移动文物点以及1个国家级、2个省级、1个市级非物质文化遗产。同时在政府积极利用新闻媒体、高平台推介、微博推送，开展戏曲进校园、送戏进万村，举办黄梅戏艺术节和戏曲交流论坛等方式的大力宣传下，石牌戏曲文化特色小镇的影响力和知名度进一步扩大。在县委、县政府的努力下，戏曲文化资源保护工作得到了国家、省级领导和戏曲专家的高度重视，他们多次深入石牌老城区督促指导戏曲文化保护工作，北京城建集团、安徽省出版集团、安徽省发行集团也积极支持，全程参与。石牌镇戏曲的历史地位和今日戏曲事业的蓬勃发展，得到了社会各界一致认可，并多次被文化和旅游部命为“中国民间文化艺术（黄梅戏）之乡”。民众对戏曲文化资源保护传承意识也明显加强，越来越多的人开始自觉加入戏曲文化保护工作队伍中。

（3）戏曲文化特色产业已初具规模

在政府的扶持下，戏曲文化特色产业已初具规模，戏剧盔帽制作业也随之发展壮大起来。石牌镇内民间戏剧班社等戏曲表演机构增加至20余家，戏曲表演团队大约50个，从业人员已有700余人，每年在本省及全国各地演出1000余场次，观众达20多万人次，每年营业收入达300余万元，成立于1945年的新声黄梅戏剧团多次获中宣部、文化和旅游部的表彰和奖励。全镇从事戏服、盔帽制作及销售企业增加至30余家，年营业收入达到1500余万元，辐射带动了周边文化旅游、餐饮、住宿、娱乐等第三产业蓬勃发展，形成了戏曲演出、道具戏服制作、培训、旅游、餐饮、住宿等于一体的文化产业，拓展延伸了戏曲文化特色产业链。在文化品牌打造方面，政府在戏曲文化活动策划、文化对外交流方面展开了探索，举办了石牌戏会、戏曲展演等大型活动，同时组织开展戏曲论坛、艺术交流等。这些活动营造了浓厚的戏曲文化氛围，彰显了戏曲文化特色，使戏曲文化特色产业影响显著增强，同时为戏曲文化品牌的打造奠定了良好的基础，吸引众多的企业参与投资。

2. 戏曲文化特色小镇建设的优化路径

（1）加快完善规划设计

①提升决策民主性，有效推进规划功能融合。政府在规划设计时要立足产业“特而强”、功能“聚而合”、形态“小而美”、机制“新而活”，站在全局角度，通盘考虑，统筹规划，有效推进规划功能的相互融合。政府应准确把握特色小镇的内涵和概念，建立完善公众参与机制，基于以人为本的理念，在特色小镇的选址、产业布局、功能定位、社区功能建设等方面充分考虑当地居民的意见和需求，让小镇发展理念直接链接小镇居民的诉求和意愿。科学规划小镇产业、旅游、人文、社区功能布局，促进戏曲道具制作产业、戏曲文化、乡村旅游和社区功能叠加。尽快完善戏曲文化特色小镇社区功能，加快补齐居民生活配套基础设施、公共服务和生态环境三块短板，统筹布局建设医疗卫生中心、学校、文化体育和娱乐休闲等公共服务设施，提高小镇社区公共教育、医疗卫生服务水平，打造创新创业发展新平台，为人们提供舒适度高、便捷

化的生活空间，以吸引更多高端人才和实力企业入驻。在小镇规划决策中深入践行共享理念，利用互联网、大数据搭建智能化的公众参与平台，让广大民众参与到小镇规划设计过程中，不断提高小镇人口聚集能力以及居民的获得感和幸福感。在保障高品质生活的同时，还要加强小镇旅游功能建设，增加为游客服务的外向型服务设施，大力开发小镇旅游项目和特色产品，不断完善旅游服务、旅游商品体系、旅游基础配套设施，真正实现小镇产业、文化、旅游和社区功能融合发展。

②加强规划体系统筹考虑，注重打造鲜明特色。特色小镇规划是以特色为导向的各种元素高度关联的综合性规划，必须坚持规划先行、多元融合。政府在编制规划时除注重常规的概念性规划、控制性详规内容以外，还要加强完善小镇的产业、交通、社区、旅游、生态等规划内容，坚持多规融合，确保规划体系健全完整。政府要坚持高站位规划、高质量推进，与石牌地区城镇发展规划相结合，统筹考虑石牌镇人口分布、戏曲文化产业发展现状、经济发展水平和生态环境保护，以更宽广的视野和开放的理念为指导，优化空间布局，将眼光放长远，既考虑当前建设，又兼顾后续运营管理。同时，引进优秀规划设计单位进行编制，广泛征求专家学者和社会各界意见，确保特色小镇在主题选择、功能定位、空间布局等方向上正确、操作上具有可行性，使勾勒出的理想蓝图既高端大气又深接地气。在进行规划设计时，相关职能部门应当抛开过去直接开展规划建设的想法，对国内其他地区已建成的戏曲文化特色小镇及国外有代表性的特色小镇建设的实践经验和先进理论展开学习。政府应当摒弃传统思路，加快理念转型，从思维、方法、内容、工作机制和技术手段方面进行创新，以保持小镇鲜明的产业特色、地域特色、生态特色。

小镇的规划要科学化、因地制宜。地方政府应从石牌镇区域的实际情况出发，围绕戏曲这个核心产业和产品，吸引生态农产品和石牌特色的地方工艺产品进入，有针对性地制定符合本地区长远发展规律与人文特色的小镇规划，对石牌地区戏曲作品、服装道具制作、农副产品及一些特有的乡间特色资源进行深度挖掘和整合，注重以特色为导向规划特色小镇建设工作，才能避免“千镇一面”。小镇应针对规划编制目标多元性和内容复合性特点在团队的组织模式上进行创新，采用多专业组合、多团队协作的模式。地方政府还可以引进其他专业机构，通过不同部门分工协作、技术创新来实现“跨界”合作，打破规划设计机构中常规以专业项目组为单元的团队架构。此外，政府应在规划中制定评价指标体系，定期对戏曲文化特色小镇建设情况进行考核，对特色小镇参与建设人员实施激励约束机制，以提高他们的开拓性和积极主动性。

（2）拓宽融资渠道，加大基础设施财政投入

石牌镇有深厚的戏曲文化底蕴和丰富的资源禀赋，但资金供给不足是戏曲文化特色小镇基础设施建设遇到的难题，为了解决资金的问题，当地政府要加大向上争取资

金的力度，请求省级财政厅安排专项资金支持石牌镇基础设施建设，在运用省级基金上予以倾斜，扩大资金投入力度，重点支持石牌戏曲文化特色小镇基础设施建设。

①转变职能，建立多元主体参与的投融资体系。特色小镇内作为公共物品的基础设施具有非竞争性和非排他性，理应由政府提供，但是特色小镇基础设施建设工程量大，仅仅依靠政府的财政投入已经无法支撑其快速可持续建设。针对目前基础设施建设中资金满足率较低、融资结构失衡的问题，政府应当转变职能，摒弃过去大包大揽、干预过度的做法，从主导者转变为引导服务者和监管者。随着国内市场经济发展的成熟，政府可适当从一些经营性基础设施项目中退出，集中财力建设非经营性基础设施项目，建立与市场合理分工的特色小镇基础设施投融资体系。应出台相关激励性政策，建立健全投融资主体回报机制，完善投融资环境，通过特许经营、投资补助、政府购买服务等多种形式，吸引包括民间资本在内的社会资金参与投资、建设和运营可经营性基础设施项目。这样不仅解决了政府资金投入不足的问题，还能利用市场竞争提高特色小镇基础设施建设的质量和效率。

②拓宽资金筹集渠道，完善融资平台管理机制。为了解决基础设施财政投入不足的问题，政府应积极借鉴越剧小镇和汤显祖戏曲小镇的融资经验，在戏曲文化特色小镇建设过程中大力推广、深度应用政府与社会资本合作的 PPP 模式，特别是通过探索多种类型的 PPP 模式，优先引入市场化经营，允许财政实力雄厚、拥有专业团队和特色小镇基础设施建设经验的大型企业、海外资本作为融资主体，参与特色小镇基础设施建设融资过程。加强与金融机构的合作，利用银行在贷款、基金方面的综合服务功能和作用，为戏曲文化特色小镇基础设施建设提供多元化金融支持。可以通过发行股票、债券、建立专项基金来扩大资金来源，为基础设施建设提供资金保障。充分挖掘安徽省侨务资源，汇聚侨心侨力，鼓励支持侨商参与戏曲文化特色小镇建设。应建立资金整合机制，将农业、文化、水利领域等扶持资金向特色小镇基础设施建设倾斜。加大融资政策倾斜力度，建立特色小镇产业投资基金来吸引民间投资。改善投融资制度环境，落实融资担保体系，积极引导企业和其他社会力量参与石牌戏曲文化特色小镇基础设施建设投资。制定相关制度加强对融资平台的科学管理，做好融资平台管理机制的创新，通过法律规章制度对政府与其他社会资本合作进行规范管理，并为社会投资主体提供多种便利渠道。完善融资平台监管机制，提高融资过程透明度，强化风险预警管理系统，建立融资主体责任制。加大人才引进扶持力度，通过优厚的福利待遇吸引融资管理经验丰富的人才。

（3）加大戏曲文化资源传承与保护力度

①强化基层政府文化服务职能，完善修缮规划机制。转政府变职能，加快服务型政府建设是我国行政管理改革的重点。要建立人民满意的政府，必须要坚持以人为本，建设政绩考核指标科学化、职能科学、权责一致的服务型政府。应大力推进政府

职能转变，不断强化基层政府的文化服务职能。

第一，改变过去以 GDP 为核心的绩效考核指标体系，建立科学化的政绩考核指标。提升对地方文化软实力发展的重视程度，结合当地实际情况制定行之有效的政策和保护举措，将戏曲文化资源保护纳入国民经济和社会发展整体规划中，尽快建立和实施文化 GDP 体系与考核机制，全面贯彻落实戏曲文化保护工作。

第二，合理划分各级政府的职能和权责，当前县级政府掌握着大多数的职权，破坏了乡镇级政府职权的完整性，也影响了乡镇级政府积极性和创造性的发挥。所以上级政府应简政、放权，赋予下级政府创新特许权，倡导鼓励乡镇级政府在一定范围内改革创新，同时应按权责一致原则划分各级政府职责，使各级职能部门之间能够建立职责明确又相互协调的良好关系。在上下级政府间进行合理分工，减轻下级政府压力，将基层政府从经济活动中解放出来，这样基层政府才会有更多的精力推进乡村戏曲文化建设。

第三，小镇所依托的传统戏曲文化古建筑是特色小镇独有的文化元素和符号，凸显了小镇最深层次的文化特色。戏曲文化古建筑具有不可再生性和无法替代性，在对其进行保护和修缮之前，政府要完善修缮保护规划机制，科学合理制定规划，做到既要改善文物古建筑破败损坏的状况，又要保持其原有的历史韵味和时代的沧桑感。做好前期调查研究工作，对所要修缮的古戏台、古宅民居资料进行查阅，在了解其历史发展脉络的基础上进行，按照石牌特色小镇现有的城市肌理，对皖南建筑风格进行传承和延续。在修缮保护过程中尽量延续古建筑原有的形体结构和特点，采用科学合理的技术方法，尽量采取传统的修缮方法和保存原有的建筑材料，最大限度确保古建筑蕴含的历史信息和价值不被破坏。例如，清晰的法律保障是英国莎士比亚小镇建设成功的重要基石，政府可借鉴莎士比亚小镇的古建筑保护经验，加强古建筑文物保护立法，严禁镇内文化传统建筑随意拆建和改造，明确特色小镇古建筑修缮施工、规范及检验标准，将小镇古建筑文物保护列入特色小镇考核项目。在修缮文物古迹、建设历史街巷时要避免大拆大建，以特色小镇的戏曲文化特色塑造为主题，对其蕴藏的文化内涵进行深入挖掘。目前石牌的戏曲文化古迹遗址缺乏保护，老街老宅损毁严重，政府应结合地方具体情况，制定相关法律法规来加强戏曲文化古迹的立法保障，加大修缮监管力度，以保护、传承为主线，做好文物古迹、传统民居修缮和保护利用工作，使戏曲文化资源在保护中得到开发，与特色小镇建设相得益彰。

②加强激励引导，构建多元主体参与保护传承体系。戏曲文化的保护与传承是一项系统比较复杂的文化工程，离不开政府、企业、社会组织和民众等多方力量的参与。政府应当丰富戏曲特色小镇建设中戏曲文化保护与传承的参与，加强对社会力量的激励引导，建立多元主体参与的戏曲文化保护与传承机制。政府应坚持统筹协调、形成合力，加强与各主体间的沟通交流，通过制定规章制度来激励引导各参与主体的

保护与传承行为。在建设特色小镇时成立专门负责戏曲文化保护与传承的工作小组，对参与戏曲文化保护与传承的不同主体提供决策咨询与指导服务，并完善戏曲文化保护与传承的社会监督机制。应将多中心治理理论应用于戏曲文化特色小镇建设，结合石牌镇地区实际发展情况，构建政府、企业、社会组织和小镇居民等多元主体共同参与的多中心治理体系，丰富民众参与渠道，建立健全公众参与系统，利用互联网搭建智能化的主体互动交流平台，让居民与政府能直接沟通。政府要完善公共决策回应机制，推动政府决策的社会互动，对居民的意见做到及时反馈、有效回应，并以法律形式规范居民主体的职责范围，赋予居民话语权，对居民的话语表达形成制度保障，充分尊重人民群众的主体地位和首创精神。政府应完善激励政策细则，采取真实有效的激励手段鼓励引导民众广泛参与，对有贡献的居民给予奖励，通过各种宣传媒介加大对戏曲特色小镇文化特色塑造的宣传，推动形成政府主导、多元投入、社会力量积极参与戏曲文化保护与传承、有利于戏曲特色小镇文化特色塑造的体制机制和社会环境。

（4）夯实产业支撑

①因地制宜，推进产业聚集和产业链延伸。地方政府部门在制定戏曲文化产业政策时应该因地制宜，充分挖掘地方文化资源、地域特色，走差异化发展道路，避免与其他小镇产业出现同质化现象，要打造具有本地独特优势的戏曲文化特色产业。加强戏曲文化产业品牌塑造，形成有地方特色的文化标识，注重对传统戏曲文化产业进行优化升级，加强与现代科技相结合，提升戏曲文化产业层次，既要突出核心产业，又要注重模式创新，夯实主导产业基础，“做强、做精、做特”戏曲文化产业。搭建特色产业聚集发展公共服务平台，推进戏曲文化产业与石牌镇周边旅游业、本地农副种植业及手工艺品加工产业融合发展，开发设计与戏曲文化产业相关的文创产品，如发展戏曲影视制作，戏曲非物质文化遗产文创及戏曲服装加工产业，拓展延伸戏曲文化产业链。注重生产、生态、生活的衔接，促进戏曲小镇产业、旅游、文化与社区功能的有机融合，推进特色产业集群发展，增强产业规模效应。政府部门应加强戏曲文化产业与乡村休闲观光、运动旅游及康养医疗产业相结合，形成以戏曲产业为主导、旅游和文创产业为根本、多个基础产业为支撑的产业体系，提升主导产业的支撑作用。

②强化戏曲文化创新，注重人才培养。建设戏曲文化特色小镇，不仅需要充分挖掘传统历史文化资源，还要把传统文化与现代文明结合。社会在发展，时代在进步，作为传统文化的优秀代表戏曲文化也需要与时俱进，跟上时代前进的脚步，契合社会发展的需求。面对休闲娱乐方式多元化的冲击，我们必须要加强对戏曲文化的创新，加大传承保护力度。首先，地方政府要对戏曲文化内容和形式方面进行推陈出新，激发内在活力，摒弃过去旧式思想内容，将其与现代元素相结合，根据现代人的审美风格来改变戏曲文化的表演形式，以开放和包容的姿态保护与传承戏曲文化，使其在现

代社会充满新的活力。其次，加大对戏曲文化的宣传力度，推进宣传方式创新。观众是戏曲文化发展的重要因素，只有拥有深厚的群众基础，戏曲文化才能避免被淘汰的命运。现代社会，娱乐方式的丰富多样化使戏曲文化的受众大量流失，陷入发展的尴尬境地。所以必须加大对戏曲文化的宣传和普及力度，借助现代互联网技术对戏曲文化的宣传方式进行创新。利用信息技术对其进行全方位宣传，扩大关注范围，增加群众基础。信息技术传播的便捷化和迅速化为戏曲传播带来了新的媒介方式，将更加利于推动我国戏曲文化产业走向国际市场。最后，注重对戏曲文化产业人才的培养，加大戏曲文化进校园的力度，在青年学生中对戏曲文化进行广泛宣传，增加戏曲文化对学生的吸引力。搭建戏曲文化产业人才服务平台，实施人才引领和创新驱动的产业发展战略，完善人才引进、培养政策保障体系，让戏曲文化产业高层次人才优先享受政府的各项优惠政策，激发人才创造能力，切实增强戏曲文化产业人才保障和智力支撑，以夯实特色小镇主导产业的支撑作用。

（5）提升民间力量参与度，构建多中心治理体系

多中心治理以自主治理为基础，提出了在政府、市场之外引入第三方力量参与公共事务治理，构建了政府、市场、民间力量三维框架下的多元主体公共服务供给模式，这样可以有效地克服因政府失灵和市场失灵带来的负面影响。多中心治理强调多个治理主体同时存在，要求在治理过程中政府、市场、社会组织和公民通过共同参与结成合作、协商的伙伴关系，改变了单中心治理模式下政府对公共事务垄断性管理的局面，将社会力量引入社会治理中，有助于公民参与意愿的表达和参与途径的实现。

①制定激励引导政策，提高居民参与积极性。戏曲文化特色小镇建设的目的是保护和传承戏曲文化，促进石牌镇地区经济发展，为公众谋福利，因此小镇的规划建设和监督管理离不开当地居民的支持，必须要发挥居民这一主体的“动力”。政府应制定激励政策，积极鼓励、引导居民主动参与戏曲文化特色小镇建设的项目，对特色小镇建设有所贡献的居民给予一定的奖励，并通过各种宣传媒介切实加大对戏曲文化特色小镇建设的宣传力度，努力营造人人参与建设的良好氛围；加强对石牌镇地方居民的教育培训，提高小镇居民参与戏曲文化特色小镇建设的能力和责任意识，增强居民参与的热情和主观能动性；加强对居民参与的重视，尊重居民的主体地位，将民间力量参与纳入小镇建设治理体系，充分发挥当地居民对石牌镇地区生产生活知识的了解和对戏曲文化的热爱在编制小镇规划中的作用。在治理理论中，政府与公民都是社会公共事务的管理者，二者之间是相互依存、相互作用的关系，公民参与可以增强政府合法性。政府行政人员要从传统全能型管理者的角色转换成为服务者，树立服务型政府理念，尊重当地居民的话语权，对群众的意见和建议及时回应，以谦虚、信任的态度对待当地居民的参与。

②建立健全公众参与系统，构建多中心治理体系。有些政府是服务型政府发展的

目标，地方政府应摒弃包揽一切、一把手定位的做法，由全能型政府向服务型和引导型政府转变。在戏曲文化特色小镇建设过程中，政府不能大包大揽，既当建设者又当监督者。政府必须明确自身的职能定位，简政放权于社会和公众，可以将多中心治理理论与戏曲文化特色小镇建设相结合，突破传统经济体制下单中心治理模式。要实事求是，结合石牌镇地区实际发展情况，激励引导居民积极参与戏曲文化特色小镇建设，致力于构建政府、企业、社会组织和民间力量等多元主体共同参与的多中心治理体系，拓宽居民参与特色小镇建设的渠道，实现参与方式多样化。建立健全公众参与系统，利用互联网搭建智能化的主体互动交流平台，让居民与政府能有效互动。该平台既能及时对外发布戏曲文化特色小镇规划内容和建设情况等相关讯息，使社会公众迅速掌握特色小镇建设情况，又能为人们发表意见和建议提供便利。这种依托网络平台来扩大公众知情权的方式，不仅有利于提升特色小镇的关注度，还减少了居民参与小镇建设的社会成本，提高了居民参与意愿。政府要注意确立公共决策回应机制，推动政府决策的社会互动，对居民的意见做到及时反馈、有效回应，并以法律形式规范居民主体的职责范围，赋予居民话语权，对居民的话语表达形成制度保障，确保当地居民在法律制度保障下能实质性参与戏曲文化特色小镇的建设，避免形式化主义。此外政府还需调动民间资本参与戏曲文化特色小镇建设的投资，构建多元主体共同参与建设投资的良好合作平台，为戏曲文化特色建设提供财政保障。

三、安徽省旅游特色小镇建设与完善的总对策

2019—2021 年是安徽省特色小镇建设的重要推进时间，安徽省在旅游特色小镇建设过程中已经出现一系列的问题，重视并解决这些现阶段已经暴露的问题对保障旅游特色小镇建设至关重要，所以此部分就存在的问题提出相应的建议。

（一）明确政府行政职能定位

在安徽省旅游特色小镇的建设过程中，政府是必不可少的角色，起着不可或缺的作用，为了保障旅游特色小镇的可持续发展，必须要明确政府在整个发展过程中的定位，正确认识政府在旅游特色小镇发展中应该起到的作用。政府应该在旅游特色小镇建设中起引导、服务、管理作用，从全局上把握旅游特色小镇发展，充分调动市场的活力发挥其在旅游特色小镇建设中的作用。

1. 确定政府行政职能

政府需要正视自己“引导者”的角色，不应该单方面出资金投入旅游特色小镇建设，而应该大力引进社会资本，尝试利用社会资本对当地产业发展方向加以管理和开发，引入企业来主导旅游特色小镇的建设。

旅游特色小镇建设投资巨大，仅靠政府财政支持是不现实的，考虑现有财力，政府需要做的是加大引入投资运营商的力度，改革现有投资运营体制，以政府牵头，通过招商引资、提供优惠政策的方法吸引外来资本投资，注重引入央企、国企及大中型民企，鼓励外来社会资本进驻旅游特色小镇建设。政府在整个过程中应该承担规划引导、提供服务、管理监督的责任，宏观把控旅游特色小镇建设进度，让市场要素充分发挥作用，实现政府和社会资本的通力合作。外来投资运营商参与建设，使旅游特色小镇项目发展有了资金保证，企业的进驻还可以将其先进的发展理念注入小镇的建设中，不仅可以保障旅游特色小镇项目持续发展，还可以提高特色旅游小镇的服务水平。正因为外来投资运营商的加入，旅游特色小镇的项目建设才会先进合理，服务才能够紧跟国内各产业的升级而升级，也正是因为外来投资的资本的参与，旅游特色小镇的运营才有机会获得相对的发展优势。综合来看，引入企业参与特色小镇建设，不仅可以有效缓解政府资金压力、避免债务风险，也为旅游特色小镇发展带去了新的活力。

2. 合理设计小镇建设

政府在旅游特色小镇建设中承担着规划者的角色，旅游特色小镇建设的规划是否合理直接影响小镇未来发展，政府需要对其特别重视，政府应依据旅游特色小镇不同的“特”，科学合理地安排旅游特色小镇建设工作。

旅游特色小镇的建设不能只看到短期的要求，需要兼顾建设后期招商引资、培育全产业链、保护文化历史、改善风貌设施等多个方面，为了引导旅游特色小镇可持续发展，政府需要在旅游特色小镇建设中做好合理规划。政府作为规划者，需要找准旅游特色小镇的特色，并放大特色打造特色旅游产业，在建设过程中提前规划好不同功能用地的比例，围绕特色旅游产业进行旅游特色小镇整体区块和外貌的设计建设，为核心特色旅游项目进行合理设计，避免在旅游特色小镇建设过程中由于政府行为的缺位导致的旅游项目变味。

例如，法国格拉斯小镇拥有全球顶级香水生产地的度假胜地，是特色产业小镇的典范，它的产业原本是单一的花卉产业，但是政府在小镇建设过程中做了科学合理的规划，以花田加工业这个特色产业为起点，推动花田产业发展，并合理规划衍生香水产业的建设发展，利用格拉斯在环境、交通、产业基础方面的优势，完善特色产业所需的配套设施，推动了特色花田产业集聚和规模化效应的形成，并不断地向产业链纵深延展。政府还引入知名产品制造企业，合作发展为小镇的核心企业，将企业品牌和格拉斯小镇相结合，从而形成强有力的特色产业和核心企业。除此之外，政府也注重特色小镇整体风貌的建设设计，打造极具浪漫色彩的小镇风格，优美的城镇地貌景观设计，十分符合格拉斯香水小镇的定位，提高了游客的旅游观光体验感。因政府合理规划了格拉斯香水的建设，如今该小镇的产业已经拓展到香水旅游、花田高端度假，实现了产业延伸驱动。

国外知名的特色小镇都基于当地的特色产业或者核心企业发展相配套产业链，安徽省旅游特色小镇也可以围绕特色旅游产业进行规划，以强化核心旅游资源的特色为目的，立足于旅游特色小镇的“特”，从特色产业选择、旅游项目建设、配套旅游产业建设、小镇区域模块建设、发展道路选择等多个方面全面规划旅游特色小镇的建设。

3. 科学规划小镇发展

旅游特色小镇建设是一个持续的动态过程，一些项目建设成效是长期的，无法在短时间内呈现出来，因此要求地方政府不能急于求成，需要在考虑到短期成效的同时，重视旅游特色小镇中长期的发展。为了旅游特色小镇的可持续发展，地方政府应科学细化发展目标和路线，兼顾长短，保证旅游特色小镇既能在短期的创建周期内完成建设指标，也可以在长期的发展周期里不惧意外情况的发生，实现旅游产业创新升级。

例如，浙江省龙坞茶镇在规划之初，地方政府已经为龙坞茶镇的发展制订了科学明确的发展目标和计划。龙坞茶镇以“中国第一茶镇、国际著名茶港”为特色小镇的发展目标，致力于将龙坞茶镇打造成中国乃至全球范围内的特色茶文化和茶产业地标区域。政府通过科学规划，还制订了龙坞茶镇建设的前中后期计划，绘制了龙坞茶镇的发展蓝图。龙坞茶镇将围绕“一带、两廊、六区”布局（文化商业带，龙门溪和上城埭溪生态廊，茶镇客厅、国际茶镇产业港、国际茶道园、茶主题文化园、绿色科技总部基地、生活配套区），以“互联网＋茶”为基础，打造大龙坞景区，并建设特色茶产业会展小镇，加快茶产业链的全面发展。

安徽省地方政府也应该根据旅游特色小镇建设实际情况，科学规划旅游特色小镇的发展目标和路线，在有了目标后，旅游特色小镇发展便有了奔头和动力，在制订详细的中长期发展计划后，可以让旅游小镇的发展跟着计划一步一个脚印地走，有条不紊，让旅游特色小镇的整体发展过程不会割裂开，可以更有效地处理发展过程中遇到的问题，有利于旅游特色小镇最终实现发展目标。

（二）明确旅游特色小镇特色定位

1. 发展特色旅游

安徽省的旅游特色小镇需要明确自身的特色定位，照搬其他旅游特色小镇的模式是行不通的，需要在自身历史文化、环境区位、产业经济等多方面基础上，发掘自身的特色，并打造具有独特竞争力的特色旅游产业，要选择适合的、有当地特色的项目，将自己与其他旅游特色小镇区别开，避免“千城一面”的情况发生。

国内外成功的旅游特色小镇有着其科学的特色定位规划，它们都是根据该地的产业优势、资源基础，确定自身的特色并发展相关特色旅游产业。法国格拉斯香水小镇依托其天然的花卉种植优势，发展香水产业并开发鲜花旅游业；新西兰皇后镇依托其独特的自然条件，发展特色户外体育产业；余杭梦想小镇位于杭州周边，凭借地理位置发展互联网产业，虽没有旅游资源，但其在创建初期就确立了自身产业与旅游共同发展的目标，因为特色鲜明、规划合理，实现了高新互联网创新产业和旅游业的共同发展；龙坞茶镇在初期就明确了自己茶乡的定位，抓住自身的茶特色并不断发展与茶产业相关的产业。

安徽省每个旅游特色小镇都应找准自己的定位，立足于自身资源确定自己特色，发展适合当地的特色旅游产业，遵循产业发展规律，确定重点旅游项目的发展方向，并在合适的机遇下将旅游产业进行升级，努力延长特色旅游产业链，将小镇的“特”开发到极致。在找准自身特色的前提下，大力发展特色旅游产业，可以让自己从万千旅游小镇中脱颖而出，建设真正的旅游特色小镇，实现长远持久发展。

2.发展特色文化

特色文化是特色旅游产业发展的内在力量，发展特色文化可以帮助旅游特色小镇更加清楚地定位自身特色，发掘自身在建设旅游特色小镇过程中的产业优势。安徽省旅游特色小镇建设必须重视发展特色文化，坚持从自身实际出发，因地制宜地挖掘适合当地的特色文化。

旅游特色小镇需要注重不同文化之间融合，结合当地历史文化自然资源，突出当地的文化特色，探索适合旅游特色小镇的特色文化发展之路，从而实现特色文化发展反馈旅游特色小镇发展。

为了发展旅游特色小镇的特色文化，首先，需要加大对历史文化遗迹的保护力度。在这方面，安徽省已经取得了一定的成效，但是仍需要在保护修缮古遗迹的过程中，加大监管力度，为特色文化的发展保留物质基础。其次，在传承传统文化的过程中，应当取其精华、去其糟粕，赋予传统文化新的时代精神内涵和融入当地特色，使传统文化进化成特色文化，更加符合旅游小镇的发展要求。最后，要丰富特色文化的表现形式，特色文化应该有戏剧、工艺、文字和表演等多种表达形式，政府应大力鼓励特色文化表演的创新，将特色文化和大众娱乐模式结合，通过多种传播方式，发展成群众喜闻乐见的特色文化，这不仅可以让特色文化有更多的载体，还可以推动特色文化产业的发展和转型，从而推动旅游特色小镇的发展，实现互相成就。

3.提升小镇个性

安徽省许多旅游特色小镇过多地强调特色，可实际上并没有特色，或者故步自封，满足于已有特色和个性，不寻求旅游特色小镇个性的发展，这样的态度有害旅游特色小镇的健康发展。特色和个性是旅游特色小镇的内涵和重要竞争力，缺乏个性的旅游特色小镇和传统小镇无区别，甚至更缺少竞争力。所以安徽省的旅游特色小镇需要认识到提高个性的重要性，在依托当地资源条件脚踏实地地发展特色旅游产业的基础上，通过不断地提升个性和挖掘特色来实现旅游特色小镇的持续发展。

例如，法国格拉斯香水小镇最开始主导的产业是鲜花种植，但是它不想局限于此，所以不断挖掘鲜花背后的个性，发展香水制造业，将自身打造成个性鲜明的香水小镇，并鼓励发展旅游产业，挖掘香水背后的附加值，不断发展和丰富小镇的个性和特色。格拉斯小镇将自己的个性发展到极致，并在不断深化中。现在的格拉斯香水小镇不仅提供香水制造体验，还有美丽的花田观光、盛大的节庆活动，游客可以在了解香水的制造过程后制作只属于自己的香水，还可以欣赏不同季节美丽的花田，在节庆活动上彻夜狂欢。格拉斯将自身“香”的个性丰富，突出了自身的特色，通过提高小镇的个性将“世界香水之都”的名号在全世界范围内打响，实现了自身的跨越式发展。

因此，为了安徽省旅游特色小镇的长远发展，我们必须要挖掘其特色以提升小镇的个性。政府可以通过对文化历史、自然环境、产业经济基础等方面的深挖，确定旅游小镇的个性提升方向，可以在旅游小镇的特色基础上，从产业、文化多个方面进行提升，走出适合当地情况的个性提升特色道路。政府还可以为旅游特色小镇的个性做出明确细致的设定，以区别于其他的旅游特色小镇，就像影视作品中的人物设定，地方政府可以为旅游特色小镇设计一个拟人形象或者歌曲舞蹈，并赋予其特色鲜明的人物设定，让旅游特色小镇的个性有一个更鲜明的文化形象，让游客能一眼记住或者有耳目一新的感觉。

（三）完善旅游特色小镇建设布局

1.遵循城镇化发展的规律

浙江省旅游特色小镇是经济发展到一定阶段的产物，它们是在一定的要素和产业基础上建设的。安徽省南北地区旅游特色小镇建设不平衡，地方政府应该遵循城镇化发展规律，合理借鉴浙江特色小镇建设的经验，从各地实际出发，避免照搬浙江模式造成的旅游特色小镇建设水土不服。安徽省各级政府应该强化责任意识，严格审查各地旅游特色小镇建设实施方案，及时纠正建设中出现的偏差。安徽省南北旅游特色小镇布局应该得到平衡，皖北地区应该依据自身资源基础，科学合理地推进旅游小镇建设，稳中求进地加快特色小镇建设，不能为了追赶皖中南地区盲目地大步推进。皖中南地区应放缓新旅游特色小镇的开发，在稳步推进现有旅游特色小镇建设的过程中，重点发展旅游特色小镇的“特色”，走少而特、特而精、精而专的发展道路，不慌不忙地推进旅游小镇的建设，坚持慢工出细活。

2.控制旅游特色小镇数量

安徽省人民政府应该控制区域内的旅游特色小镇数量，避免一哄而上地建设旅游特色小镇，过多追求数量目标导致盲目发展。地方政府需要避免只追求数量和投资规模，严格按照政策要求，在实际情况的基础上，科学合理地建设旅游特色小镇。安徽省人民政府需要总体把控全省范围内的旅游特色小镇数量，地方政府应在上级的领导下，严格控制旅游特色小镇建设数量，实行宽进严定、动态淘汰的创建达标的制度。避免强加给地方政府硬性建设指标。

安徽省人民政府应出台控制旅游特色小镇数量和质量配套政策，加强对旅游特色小镇前期申报和后期建设发展的统计监督，根据实际建设情况，实时调整优化建设方案，对申请省级和国家级的旅游特色小镇，开展定期测评和优胜劣汰。旅游特色小镇的数量不是越多越好，而是少而精最好，这样才能充分体现旅游特色小镇的“特”，避免同地区同质化旅游特色小镇的产生。

安徽省旅游特色小镇建设需要考虑长期的发展，必须要合理规划旅游特色小镇的位置分布，保障相近区域内没有相似的旅游特色小镇，每个区域都有自己的“特”，可以促进不同旅游特色小镇之间的交流合作，互相借鉴先进成功经验，避免同质旅游特色小镇恶性竞争事件的发生。

3. 完善政府资源管理方式

旅游特色小镇建设中，市场在资源配置起主导作用，政府主要是管理监督资源配置。安徽省为了保障旅游特色小镇建设的长久持续推进，必须要不断地完善资源管理方式，为旅游特色小镇建设提供便利。

首先，地方政府在参与旅游特色小镇项目开发的时候，需要有严格的审核和监察，这样才能保证旅游特色小镇建设资源都用到了实处，是旅游特色小镇项目平稳运营的保证。

其次，设计明确的发展目标和规划。例如，新西兰皇后镇在确立体育小镇的方向后，由政府主导，对皇后镇发展道路进行了宏观规划，虽然在后续发展过程中遭遇周围小镇的竞争，但因为有明确的计划，皇后镇的发展没有乱阵脚。皇后镇由政府牵头，引入外来投资，建设和其他小镇不同的差异化项目，最终打造了独一无二的新西兰极限运动天堂，政府合理的管理资源帮助皇后镇度过了危机。安徽省地方政府也应该学习其经验，明确细致的规划资源的使用，帮助旅游特色小镇平稳发展。

最后，重视对土地旅游资源的管理。安徽省人民政府可以统一调配和管理土地资源，地方政府可以独立完成对旅游特色小镇项目的审查，并决定旅游特色小镇重点产业的发展方向，安徽省人民政府可以为旅游项目的发展提供有力的土地和资金保障。安徽省人民政府可以利用对土地资源的管理，吸引外来投资者前来投资建设，并在发展过程中做好监督管理工作，保障旅游特色小镇的土地安全和发展安全。

（四）健全旅游特色小镇服务体系

1. 完善政策支持体系

安徽省在旅游特色小镇的建设方面没有形成完善的政策体系，扶持旅游特色小镇建设的政策过于单一，使许多地方的旅游特色小镇过于注重业绩评价，忽视了旅游特色小镇建设本身，导致其中一些旅游特色小镇发展相对落后。有些地方政府并没有出台相应的法规和措施来保障旅游特色小镇的建设，使一些没有地方政策支持的旅游特色小镇的建设受到了限制，不同的旅游特色小镇的发展因此产生了一些差距。

安徽省地方政府应加大扶持力度，出台扶持政策，和国家、省市级的政策一起形成完善政策支持体系，充分运用政策的导向作用来支持引导旅游小镇的建设工作。

“我负责阳光雨露，你负责茁壮成长”是余杭梦想小镇的一句标志性口号，余杭区人民政府为了推动梦想小镇发展，制定了相关优惠政策吸引企业入驻并保障企业发展。首先，地方政府对入驻梦想小镇的创业项目有租金上的优惠政策，如可以享受最长 3 年的免租办公场地、最高 100 万元的风险池贷款等；其次，余杭区人民政府出台政策支持创业创新，保障创新企业在创业初期所需的大量资金，如注册在未来科技城且投资方向符合科技城产业导向的创业投资企业，可申请未来科技城创业引导基金，获得不超过 2000 万元的阶段参股；最后，余杭区人民政府还出台政策保障企业发展，如未来科技城内符合产业发展导向的企业，可申请低成本的金融风险池贷款，以及符合一些条件的企业可以申请特定补助、服务和基金。余杭区人民政府的全方面政策为梦想小镇的发展保驾护航，实现了梦想小镇的快速发展。

安徽省地方政府也应该吸取发达地区的经验，加大对旅游特色小镇发展的政策扶持力度。当前，政府面对旅游特色小镇制定的各项政策仍然不够，一些政策不明朗，难以得到有效落实，因此，需要加大政府扶持力度，为特定重点旅游项目的发展制定有针对性的指导扶持政策和措施，力求在政策方面为特色小镇产业的发展开绿灯，为旅游特色小镇的全面发展保驾护航。政府可以设立专门的旅游小镇投资基金和专项小镇发展投入基金，开展科学发展计划，对一些重要的发展项目给予足够的政策和资金支持。政府也应该大力发展旅游特色小镇基金模式，通过政府的补贴、背书，引导社会资本进入投资，这对促进旅游小镇的建设和经济发展具有明显的成效。

2. 完善监控管理体系

旅游特色小镇建设应该是由企业发挥主导作用，在建设的过程中，政府虽然不属于主导地位但是也不能缺位，政府需要对旅游小镇建设的全程进行监控。企业在主导旅游小镇建设的过程中，由于市场自身的特点，会出现如产品偷工减料、建造质量不达标、良莠不齐等仅靠自由市场无法避免的一些问题，企业作为建设参与者无法严格规范自身行为，这个时候就需要政府行使监督职责。

安徽省人民政府应为企业营造公平优质的发展环境，制定旅游特色小镇建设中有关行业的生产建造标准，保证旅游特色小镇的产品和服务质量，以维护旅游特色小镇口碑。安徽省的旅游特色小镇还需要根据自身发展方向，有不同的监管偏重点。比如，“旅游＋特色产业”发展方向的地方政府需要加强特色产品和旅游服务业方面有效监管。政府需要重视对旅游特色小镇建设资金使用方面的监管，企业在申请政府资金扶持后是否真的将资金用到了实处，专项资金使用是否合规，都是政府职责内的监管要求。

地方政府对企业的经营管理不宜干预过多，但要最大限度地发挥政府在旅游特色小镇建设过程中的监管作用，引导企业加强自身监管，从企业源头开始自监，这样不仅可以减少政府的工作量、降低监管难度，还可以提高企业自我管理的能力，有利于企业的长期稳定发展。但是政府在建设旅游特色小镇过程中的行为也需要监管，企业可以反向地对政府履职情况进行监督，督促政府合法合理地推动旅游特色小镇建设。安徽省可以引入第三方监管机构，同时监管政府和企业的行为，可以督促政府积极履行职责、企业高质进行生产建设。安徽省还可以加强社会监督的作用，将政府在旅游特色小镇建设的工作向公众披露，由公众监督政府的行为是否到位，这样做不仅可以督促政府积极高效地履行职责，还可以增加政府和群众的互动，提高公众在旅游特色小镇建设中的参与感。

在全省范围内完善由政府、企业、公众三方组成的监管体系，可以有效地监控各要素在旅游特色小镇建设过程中的行为和作用，有利于保障旅游特色小镇建设的质量。

3. 完善基础设施建设

完备的基础设施和优美的小镇环境在旅游特色小镇建设中起着至关重要的作用，安徽省旅游特色小镇应该加大基础设施的建设力度，不断完善公共服务体系。

例如，法国格拉斯香水小镇和新西兰皇后镇是驰名已久的旅游小镇，得天独厚的自然环境、优美的小镇环境及十分完善的公共基础设施是它们的名片，能够给予游客极好的旅游体验，有利于打造全球范围内优质的旅游口碑；浙江梦想小镇也建设可以交流的公共空间和休闲的场所，以其完善的基础设施吸引来自全球各地的创业投资者；龙坞茶镇在建设初期就十分重视乡村基础设施改善，实现了其建设美丽乡村的目标，为小镇未来旅游产业的发展奠定基础。不管是什么类型的旅游特色小镇建设，都需要不断完善基础设施建设，良好的基础建设是旅游特色小镇吸引投资和游客的敲门砖。安徽省政府应该重视基础设施建设，在公共基础设施建设方面加大投入，完善旅游特色小镇外部道路建设，支持特色旅游通道的修建改善，改善内部村村通道路，通过完善道路方面的基础设施建设，通畅旅游小镇对外发展的通道，为旅游小镇未来长久的发展奠定基础。

又如，杭州市西湖区的龙坞茶镇，地方政府大力推进龙坞茶镇的美丽乡村整治和建设工作，在周围10个村开启了整治建设工作，让小镇整体从一个“脏乱差”的小乡村蜕变成美丽的特色茶镇，成了美丽特色小镇建设的好典范。与以前相比，现在的龙坞茶镇路更宽、水更清、村庄更整洁，并且地方政府没有停下建设步伐，还在为建设更美的龙坞茶镇努力。安徽省应该学习龙坞茶镇的做法，着力改善地方公共服务投入不足、农村基础设施建设滞后的问题，对旅游特色小镇范围内房屋乱建、电线乱拉、垃圾乱倒的现象进行严肃处理，改造农村民居外貌，改造小镇路面景观，加大公园和交通建设，保障路况、路标、停车场、公共厕所、问询台等细节设施的建设，对旅游特色小镇全域进行综合治理。

好山好水是旅游特色小镇的重要名片，地方政府需要加大对农村污水的治理力度，建立雨污水分流工程，充分考虑小镇的生态环境，不随意破坏环境进行盲目开发，以实现旅游特色小镇和自然的和谐发展。完善小镇内部的公共基础设施建设是旅游特色小镇长远发展的第一步，它可以改善小镇外貌、提高当地人民的生活质量，也为旅游产业的发展奠定了物质基础，促进了旅游特色小镇的良性发展。

（五）加强旅游特色小镇品牌宣传

1.推进特色品牌建设

品牌是旅游特色小镇持续发展的重要基础，品牌建设可以帮助旅游特色小镇打响知名度，为旅游特色小镇的建设吸引更多的资金和客户。

品牌建设不仅是一方的工作，安徽省旅游特色小镇品牌建设应该是在政府主导下，行业、企业、个人共同参与，利用所有的资源全面推进整个特色品牌的建设。

首先，地方政府需要准确定位自身的特色旅游产业，并不断地通过运营深挖特色旅游产业的潜力，提升特色旅游产品附加值。政府可以鼓励企业发展具有地方特色的旅游产品，政府应对创新开发特色旅游产品的示范企业给予表彰。企业也应该主动寻找新的产业增长点，开发创新特色旅游产品，加大与关联产业的合作，最终构建一个以特色旅游产业为主体的全产业链。

其次，深挖特色旅游产业品牌价值，重视对自身品牌文化价值的挖掘，通过不断培育和发展塑造独特的品牌文化，构建旅游特色小镇特色的品牌内涵和旅游特色小镇精神文化标识，在这个过程中需要重视对旅游特色小镇品牌价值的保护，可以通过完善法律制度体系，保障小镇的品牌价值。

最后，在旅游特色小镇建设中培育龙头企业，利用龙头企业现成的影响力对整个小镇的品牌进行正面宣传。在现在这个自媒体发达的时代，政府和企业都可以通过新媒体对自身品牌进行正面舆论宣传。政府、企业也应该认识到旅游特色小镇品牌塑造对自身发展的促进作用，推进特色旅游品牌在小镇聚集，建设特色品牌产业区，积极主动地吸引品牌企业入驻，同时要积极走出去，通过鼓励小镇本土旅游产品品牌走出去，增加特色品牌在全国甚至全球范围内的知名度和影响力。

2. 加大人才引进力度

旅游特色小镇在吸引并留住人才的基础上，可以有能力融合多方资源建设小镇，才有可能最大限度地实现小镇的价值。安徽省各级政府都应加大人才引进力度，引入人才可以推动产业发展，产业的发展可以吸引人才向小镇集中，最终形成一个人才与产业之间的良性循环，有利于旅游特色小镇的成功建设和发展。

目前安徽省旅游特色小镇在建设过程中都遇到了缺少专业人才的问题，旅游特色小镇的发展需要专业的旅游、宣传、管理及技术方面的人才，政府应该为符合小镇建设需求的优秀人才提供政策、资金上的扶持，企业也应该从自身发展角度出发加大对专业人才的引入力度，为旅游特色小镇建设发展营造良好的引才聚才氛围。

例如，余杭梦想小镇作为科技型小镇，人才是其特色产业发展中必不可少的要素，为了吸引并留住人才，当地政府出台了人才政策，其中包括租房补助政策，即每个月给在梦想小镇工作的本科以上学历的人才 300–500 元的租房补贴。当地政府也通过各种保障、奖励措施吸引人才来梦想小镇，不断引进国内外优秀人才，同时鼓励他们在梦想小镇工作创业，给予创业贷款优惠，并成立天使基金为创新企业创业提供资金支持，吸引有梦想、有创意的人才来梦想小镇发展。如今梦想小镇已经吸引了来自全球的大量优秀人才，形成了大量的创业团队和创新项目，促进了梦想小镇的经济产业快速发展完善。人才投入为梦想小镇的建设带来了回报，形成了比较完善的旅游特色小镇发展业态。安徽省应该学习余杭梦想小镇的人才引入经验，可以以“创意旅游园”为载体，吸引有创意、有想法的人才来旅游特色小镇创业。地方政府还可以建立人才库，根据当地特色旅游产业发展的实际情况，确定人才需求和缺口，将紧缺人才列为重点引进对象给予政策支持，如属于宣传期的旅游特色小镇需要大量引入旅游、服务、营销方面的人才，对这些专业的人才参与特色小镇建设给予政策补贴。企业也应该主动引进人才，可以根据自身的发展情况，确定人才需求，为符合要求的人才给予一定补贴。旅游特色小镇还可以与附近的学校合作，吸引更多的学生来到小镇旅游、实习、工作，并对社会人才优秀的建议给予表彰，以留住更多的社会专业人才。

政府还可以鼓励人才返乡建设，既弥补人才缺口，又可以降低引入成本。政府和企业应该定期对引入人才进行培训，加强对人才本身的开发，保证人才的先进性，充分发挥人才在旅游特色小镇建设的作用。

3. 加大推广宣传力度

安徽省旅游特色小镇的建设不应该是闭门造车，应加强旅游特色小镇的宣传推广工作，从旅游特色小镇建设初期就做好正面宣传引导，充分发挥主流媒体的舆论宣传作用，并利用新媒体持续不断地跟踪报道特色小镇建设进展。这样做一方面可以发挥大众媒体的监督作用，有利于旅游特色小镇发现建设中的短板和问题，另一方面可以增加社会的参与感，提高旅游特色小镇的名气。

例如，重庆的火锅小镇利用短视频平台进行宣传，通过拍摄枇杷园火锅等特色商家的小视频，并在新媒体平台上进行营销推广，迅速地在全国范围内打响了知名度，吸引了众多的游客前往，成了热门景点。通过合理的推广营销，重庆火锅小镇打响了名气，促进了小镇的经济发展。安徽省旅游特色小镇也可以学习重庆火锅小镇的营销手段，在主流媒体推广的基础上，通过图片、视频、综艺节目等载体，在微信、微博、短视频、视频网站等多种新媒体平台上对旅游特色小镇进行宣传推广，让更多的人可以有机会了解安徽省的旅游特色小镇、特色旅游产业，进而带来游客资源推动旅游特色小镇的发展。

（六）安徽省安庆市温泉小镇的建设

自 2014 年开始创建旅游特色小镇以来，安徽省安庆市温泉小镇借助良好的生态环境，抓住创建旅游特色小镇的时机，小镇的建设已经取得了诸多成效。

（1）基础设施得到大幅完善

在 2014—2017 年的 4 年里，温泉小镇共计整合投入 31 亿元，重点加强道路、供水、医疗、教育、污水处理、垃圾处理等基础设施建设，使城乡面貌得到了持续的改善，人民群众的幸福感明显加强。

（2）特色产业已经初步形成

①特色农业产业。温泉小镇于 2015 年成为安徽省第 45 个现代农业综合开发示范区，温泉镇抓住这一机遇，以生态、绿色和有机为特色农业的产品亮点，引进了四家规模企业入驻，总投资 10 亿元，大力发展特色产业，使茶叶、中草药、经济果蔬、景观苗木、农产品加工等一系列特色农业形成产业化、规模化。目前，已初步形成以万亩茶园、万亩桑园、万亩休闲观光农业、万亩中草药、千亩花卉等为主导的“万千特色农业基地”。

②温泉养生产业。位于温泉小镇内的某国际养生文化产业园已经形成了 3 个有效的温泉养生产业领域。

③文娱产业。天悦湾温泉公园设置有上古养生区、花卉养颜区、禅缘水艺馆、养生药疗区、室内温泉游泳池、冲浪池、大众娱乐泡池、亲亲鱼疗池、温泉理疗房、私密泡池、喷泉广场 11 个功能区，天悦湾温泉和相关酒店年接待海内外游客 80 万人次，通常周末游客爆满。

④养老产业。推行“大健康”理念，选择发展“候鸟式养老”和“旅居式养老”

项目，成为全国一流、具有国际影响的文化旅游养生养老示范基地。

⑤度假产业。以养生文化为内涵，温泉洋房、别墅、公寓、会所、养生馆等相配套，打造独特的旅居度假产品，现已成功创建国家 4A 级旅游景区一个，对全镇经济发展的带动作用明显。境内以温泉为主导的旅游景点还有睡佛山温泉度假村、汤池沐浴一条街等。

⑥大健康产业。温泉小镇以大健康工程建设为抓手，全力打造大健康产业“6+4”发展体系，包括六大体系和四大板块。将打造具有大别山特色优势、地标性、独一无二并且符合联合国千年发展目标的国家大健康文旅创产业项目和世界性品牌。[①]

（3）区域发展水平持续向好

根据近年来温泉小镇的 GDP 总量，可以看出自温泉小镇创建旅游特色小镇以来，经济发展一直是平稳增长，特别是 2016 年到 2017 年，经济增速 17.6%，说明了旅游特色小镇建设的成效显著。

温泉小镇近年来的固定资产投资总额一直是随着 GDP 的增长而增长，比较突出的就是在 2016 年到 2017 年，固定资产投资增长率为 18.6%。温泉小镇 2013 年至 2017 年这 5 年来的人均可支配收入增长了 114%，最突出的是在 2016 年到 2017 年，增长率为 21%。特色小镇的建设使人们的获得感与幸福感大幅提高。

旅游特色小镇的建设和经济总量、人口、城镇化率和固定资产投资等指标有密切的关系。目前，温泉小镇脱离了贫困阶段，进入了快速发展时期，第三产业的产值最小，而第三产业的发展水平已成为一个国家或地区生产力发展水平的重要标志之一，第三产业的高占比是经济社会发展水平较高的一个重要特征，对扩大就业、提高人民生活水平、改善生活质量、增加百姓的幸福感和获得感都起着重要的战略意义。[②] 未来，温泉小镇应该大力发展第三产业，也只有第三产业占比达到和第二产业相当甚至大于第二产业的时候，温泉镇小镇的发展才能达到持续性健康发展的长远目标。

---

① 周海琼，任全玉，万琴．大别山旅游网络营销策略研究 [J]. 中国市场，2014（34）：75-76.

② 马振清，刘隆．获得感、幸福感、安全感的深层逻辑联系 [J]. 国家治理，2017（44）：45-48.

附　录

安徽省特色小镇建设领导小组办公室关于公布第一批省级特色小镇名单的通知

各市、县（市、区）人民政府、设区市直管开发区管委会，省有关单位：

根据《安徽省人民政府关于加快推进特色小镇建设的意见》（皖政〔2017〕97号）精神，经省特色小镇建设领导小组会议审议通过，并经省政府同意，对入围联审的43个特色小镇，确定其中25个作为省级特色小镇，享受有关扶持政策；其他18个作为重点培育对象，命名为省级特色小镇（试验），同第一批省级特色小镇一并公布，参加第二批筛选并优先列入。各地及有关部门要抓紧开展工作，推动省级特色小镇加快建设，尽快发挥样板示范作用。

要把握内涵要求和建设原则。立足产业“特而强”、功能“聚而合”、形态“小而美”、机制“新而活”，高品质打造第一批省级特色小镇。坚持产业引领，把培育成长性好的特色产业放在首位；坚持因地制宜，做好小镇整体规划和形象设计，避免千镇一面；坚持市场主导，引入优秀企业负责建设运营，政府不能大包大揽，防止形成新的债务包袱；坚持融合发展，统筹生产、生活、生态空间布局，深挖延伸融合产业功能、文化功能、旅游功能和社区功能，促进叠加效应。

要加强组织领导和责任落实。按照“省统筹、市指导、县主体、镇落实”四级联动机制，有力有效有序推进特色小镇建设。领导小组成员单位要充分发挥各自职能作用，支持特色小镇培育建设。各市要建立相应协调机制，负责指导、协调、推进本地特色小镇建设工作。县（市、区）政府及设区市政府直管的开发区管委会是责任主体，要建立工作推进机制。乡镇（街道）要负责抓好落实。

要强化考核评估和监督管理。对省级特色小镇，每年评出优秀、良好、合格、不合格等次。对评估优秀、良好的小镇，给予一定奖励；对评估不合格的小镇，实行约谈；对连续两年评估不合格的小镇，退出并扣回奖励资金。强化监督，对特色小镇建设过程中出现的弄虚作假、重大安全事故、环境污染、文物破坏以及人民群众反映强烈的负面事件，经核实，予以退出并依法处理。

附件 1　安徽省省级特色小镇名单（25 个）

1. 合肥市合巢经开区三瓜公社电商小镇
2. 合肥市包河区滨湖金融小镇
3. 芜湖市无为县高沟电缆小镇
4. 黄山市徽州区西溪南创意小镇
5. 六安市霍山县上土市温泉小镇
6. 滁州市天长市冶山玩具小镇
7. 宣城市泾县中国宣纸小镇
8. 安庆市怀宁县石牌戏曲文化小镇
9. 安庆市潜山县源潭刷业小镇
10. 黄山市休宁县齐云旅游小镇
11. 芜湖市芜湖县六郎殷港艺创小镇
12. 淮北市烈山区石榴小镇
13. 黄山市黄山区太平湖运动休闲小镇
14. 宣城市旌德县灵芝健康小镇
15. 池州市东至县尧渡袜业小镇
16. 宣城市绩溪县雕刻时光小镇
17. 蚌埠市怀远县上谷农贸小镇
18. 池州市青阳县朱备禅修小镇
19. 宿州市砀山县酥梨小镇
20. 阜阳市颍州区中原花都·芳香小镇
21. 铜陵市经开区铜都创新小镇
22. 马鞍山市和县香泉小镇
23. 蚌埠市蚌山区国际足球小镇
24. 亳州市谯城区十河芍花养生小镇
25. 淮南市寿县八公山豆腐小镇

附件 2　安徽省省级特色小镇（试验）名单（18 个）

1. 芜湖市弋江区滨江松鼠小镇
2. 池州市石台县富硒氧吧小镇
3. 宣城市宣州区甜蜜小镇
4. 安庆市太湖县寺前禅文小镇

5. 安庆市桐城市双港软包装小镇
6. 蚌埠市禹会区禾泉农创小镇
7. 六安市舒城县杭埠镇智慧电子小镇
8. 合肥市巢湖市黄麓镇建筑科创小镇
9. 阜阳市颍上县八里河湿地旅游小镇
10. 宿州市泗县运河小镇
11. 池州市贵池区杏花村牡丹小镇
12. 安庆市岳西县中关村·筑梦小镇
13. 芜湖市南陵县大浦我家农场小镇
14. 六安市金寨县天堂寨氧心小镇
15. 合肥市高新区中安创谷基金小镇
16. 滁州市凤阳县小岗改革小镇
17. 淮北市相山区芳香小镇
18. 蚌埠市淮上区智慧物流小镇

安徽省人民政府关于加快推进特色小镇建设的意见
（皖政〔2017〕97号）

各市、县人民政府，省政府各部门、各直属机构：

特色小镇是相对独立于市区，具有明确产业定位、文化内涵、一定的旅游和社区功能，有别于行政建制镇、开发区、风景区的“非镇非区”产业发展平台。建设特色小镇，是我省产业转型升级的重要抓手，对于推动供给侧结构性改革、促进创新创业、加快新型城镇化建设具有重要意义。为加快我省特色小镇建设，现提出如下意见。

一、总体要求

（一）指导思想

全面贯彻落实党的十八大和十八届三中、四中、五中、六中全会精神，深入贯彻习近平总书记系列重要讲话特别是视察安徽重要讲话精神，牢固树立创新协调绿色开放共享发展理念，根据省第十次党代会和省五大发展行动计划的战略部署，立足产业“特而强”、功能“聚而合”、形态“小而美”、机制“新而活”，培育建设一批产业特色鲜明、生态环境优美、体制机制灵活、人文气息浓厚、宜业宜居宜游的特色小镇，成为我省创新创业新高地、发展动能转换新样板，为五大发展美好安徽建设提供有力支撑。

（二）基本原则

——坚持产业引领。把培育成长性好的特色产业放在首位，千方百计壮大特色产业，瞄准高端产业和产业高端，围绕产业开发旅游资源、挖掘文化内涵、完善社区功能，实现业兴镇兴。

——坚持因地制宜。根据地形地貌和资源禀赋，宜工则工，宜商则商，宜游则游，做好小镇整体规划和形象设计，景观建筑设计要各具特色，避免千镇一面。

——坚持市场主导。按照政府引导、市场运作的要求，创新建设管理机制和服务模式。政府重点做好规划编制、设施配套、资源要素保障等服务，突出企业主体作用，引入优秀企业负责建设运营，不大包大揽、一哄而上，防止形成新的债务包袱。

——坚持融合发展。统筹生产、生活、生态空间布局，深挖延伸融合产业功能、文化功能、旅游功能和社区功能，促进叠加效应，推进融合发展。

（三）建设目标

到2021年，培育和规划建设80个左右省级特色小镇，重点打造一批特色小镇样板，形成示范效应。

省级特色小镇镇区和企业运行质量好，债务负担合理，在全省乃至全国具有较高的知名度和美誉度，成为有竞争力的创新集群、有影响力的细分行业冠军。产业类特色小镇，主导产业主营业务收入年均增速达15%以上，3年建设期满后，每平方千米年主营业务收入不低于2亿元；文化、体育和旅游类特色小镇，主导产业主营业务收入年均增速不低于10%，3年建设期满后，每平方千米年主营业务收入不低于5000万元。位于贫困地区的特色小镇可适当放宽。

实现小镇景观化，所有特色小镇达到3A级以上旅游景区标准，其中文化、体育和旅游类特色小镇达到省级旅游小镇标准。基础设施能满足特色产业发展需要，小镇内或周边拥有较为完善的公共服务设施，实现各种功能有机融合。运营管理体制和投融资机制便捷、灵活，实现投资主体多元化、运营主体专业化、日常管理服务精细化。

二、申报条件和程序

（一）申报条件

按主导产业定位，将特色小镇划分为产业类、文化和体育类、旅游类特色小镇。各地申报的特色小镇应满足以下条件：

1. 产业基础良好。特色小镇应聚焦信息经济、高端装备制造、新材料、新能源、节能环保、健康养老、文化创意、旅游休闲、体育健身、金融、电商等优势特色产业，以及茶叶、中药材、苗木花卉、文房四宝等历史经典产业，主导产业发展方向清晰，有一定的创新创业基础。每个细分产业原则上只培育一个特色小镇。产业类特色小镇有明确的主导产业，已拥有省级以上（含省级）著名商标、名牌产品，或建设期内有品牌创建的载体和基础，产业已有一定的知名度。文化和体育类特色小镇须拥有独特丰富的文化体育资源，能够提供具有鲜明区域特点的文化、体育产品和服务。

2. 生态环境良好。特色小镇生态条件较好，绿化面积较大，项目建设符合环保要求，镇内企业污染物达标排放。具有打造成3A级以上旅游景区的潜质。

3. 公共设施完善。小镇或周边应有交通、给排水、清洁能源、教育、医疗、应急等基础设施和公共服务设施，有社区服务功能。

4. 规划布局合理。选址要符合城乡规划，相对独立于中心城区，原则上布局在城乡接合部、建制镇和有条件的村及社区。要科学编制概念性规划和小镇设计，明确项目建设时间表和路线图。规划面积一般控制在 3 平方公 里左右，建设用地面积 1 平方千米左右。

（二）申报程序

自 2017 年起，每年将按照“县初选—市上报—部门初审—办公室联审—领导小组审定”的程序，择优筛选一定数量的特色小镇。

1. 申报。特色小镇申报由县（市、区）人民政府或设区市政府直管的开发区管委会初选，再由设区市政府向省特色小镇建设领导小组办公室报送建设方案。

2. 初审。根据申报特色小镇的具体产业定位，分别由省级相关职能部门牵头进行初审，提出联审名单。

3. 联审。对进入联审名单的特色小镇，由省特色小镇建设领导小组办公室组织专家和相关成员单位联审，按照安徽省特色小镇评审表对其量化赋分，通过竞争择优的方式选择一定数量的特色小镇列入待审定名单。

4. 审定。将列入待审定名单的特色小镇报送省特色小镇建设领导小组审定后公布并授牌。

三、支持政策

（一）加大资金扶持力度

省政府安排特色小镇建设专项资金，主要以“借转补”方式用于扶持各地特色小镇建设，根据各特色小镇项目建设等情况安排，并采取“以奖代补”方式对年度评估情况较好的特色小镇予以奖励。财政奖补资金用于特色小镇规划编制、基础设施和公共服务设施建设、生态环境保护、主导产业培育等方面，严禁挪作他用。

（二）强化土地要素保障

充分发挥土地利用总体规划的管控和引领作用，统筹安排特色小镇建设用地，保障合理用地空间。积极盘活存量土地和未利用地，着力提升土地资源配置效率。需新增建设用地的，由各地按规定程序办理农用地转用及供地手续。

（三）赋予先行先试权限

鼓励各地创新特色小镇建设、管理体制机制，加快“放管服”改革，将市场需要的权力放归市场，允许特色小镇根据自身发展需要先行先试有关改革事项。依法向特色小镇所在地下放各类直接面向人民群众、量大面广、由基层服务管理更方便有效的事项。

（四）创新投资融资方式

引导金融机构积极配置信贷资金，加大对特色小镇项目储备库内重点项目的信贷支持，提供产业链融资服务。鼓励设立特色小镇建设基金，支持特色小镇运用 PPP 模式开展项目建设，发挥开发性金融机构和政策性银行“投资、贷款、债券、租赁、证券、基金”综合服务功能和作用，为特色小镇建设提供多元化融资支持。

（五）加强人才队伍建设

落实创新创业人才扶持政策，对进入特色小镇的产业领军人才、大学生、企业高管、科技人员创业者、留学归国人员等给予倾斜，加快特色产业转型发展、领先发展，打造创新创业样板。

四、保障措施

（一）加强组织领导

加强对特色小镇建设工作的组织领导和统筹协调，成立由常务副省长任组长、省有关单位主要负责同志为成员的省特色小镇建设领导小组。领导小组办公室设在省发展改革委，承担领导小组日常工作。领导小组成员单位要充分发挥各自职能作用，支持特色小镇培育建设。各地要建立相应协调机制，负责指导、协调、推进本地特色小镇建设工作。

（二）推进责任落实

各设区市人民政府要加强对特色小镇规划、申报、建设工作的指导和服务，结合地方实际研究出台配套政策。县（市、区）政府或设区市政府直管的开发区管委会是责任主体，要建立工作推进机制，在规划编制、基础设施配套、资源要素保障、生态环境保护、招商引资等方面加大对特色小镇的支持。特色小镇所在乡镇（街道）要负责抓好落实，为入驻特色小镇企业和人才做好各项服务，形成“省统筹、市指导、县主体、镇落实”的四级联动机制。

（三）强化考核评估

对授牌的特色小镇，实行年度评估和 3 年建设期满考核制度。每年评出优秀、良好、合格、不合格等次。对评估优秀、良好的小镇，给予一定奖励；对评估不合格的小镇，实行约谈；对连续两年评估不合格的小镇，实行退出机制，摘牌并扣回奖励资金。省财政根据省特色小镇建设领导小组考核意见，依规拨付或扣回资金。强化对特色小镇的监督，对建设过程中出现的弄虚作假、重大安全事故、环境污染、文物破坏以及人民群众反映强烈的负面事件，经核实，实行摘牌。

（四）加强统计监测

加强统计基础建设，建立健全特色小镇规划建设统计监测制度。各地每半年向省数据网络平台报送主要指标完成情况，每季度向省特色小镇建设领导小组办公室报送特色小镇建设进展情况。

（五）营造浓厚氛围

加强对特色小镇的跟踪宣传报道，及时总结推广各地典型经验。通过建立“比学赶超”例会制、特色小镇镇长论坛，开展小镇的产业高度、改革力度、特色亮度评比，促进特色小镇取长补短齐发展，营造浓厚的建设氛围。

本实施意见由省发展改革委负责解释。

附件：重点任务分工

安徽省人民政府

2017 年 6 月 30 日

安徽省文化厅关于支持文化类特色小镇建设的实施意见

各市（省直管县）文化行政管理部门：

为贯彻落实《安徽省人民政府关于加快推进特色小镇建设的实施意见》，培育和建设一批文化类特色小镇，现提出如下意见。

一、基本定位

根据主导产业定位，文化类特色小镇是拥有大遗址、传统村落、文物建筑、特色传统工艺、传统戏曲、红色革命文化、社会主义先进文化代表等独特文化资源，能够提供文化创意产业、传统工艺、艺术品、创意设计、文化旅游等具有鲜明区域特点的文化产品和服务的特色小镇。

文化类特色小镇主要运用“文化 +”的动力和路径有效传承传统文化、推进文化改革发展、推动文化资源整合、促进文化产业融合，使特色小镇树立鲜明文化标识、形成文化产业集聚，充分发挥文化在特色小镇宜业、宜居、宜游等方面不可替代的重要作用。

二、重点任务

（一）推进历史文化资源的保护传承利用

坚持特色化、差异化发展的原则，发挥小镇地域文化资源优势，彰显文化特色，提升文化品质，优化人文环境。加强文化类特色小镇区域内文化文物资源的调查、挖掘和保护，对大遗址、传统村落、文物建筑等在保护修缮的基础上合理开发利用，鼓励和扶持多渠道筹资建设特色博物馆、艺术馆，支持指导策划文化文物资源主题展览。支持文化类特色小镇区域内的文物资源申报各级文物保护单位，指导相关历史城镇、街区申报历史文化街区、名镇、名村。

（二）支持传统工艺传承发展

推进传统工艺振兴计划，深入挖掘文房四宝、徽州雕刻、柳编、剪纸、茶叶、漆器、陶瓷、徽菜、豆腐、传统酿造等传统工艺的文化内涵和独特产业优势，鼓励建立传统工艺集聚园区，延伸产业链，传承工匠精神，延续历史文脉。实施非遗传承人研修研习培训计划，设立非遗项目传习基地，搭建政府、高等院校与企业的对接平台。支持小镇建设非遗宣传、展示场所，鼓励传承人入驻开展非遗活态展演。

（三）支持传统戏曲传承发展

立足特色小镇的文化积淀与传统戏曲基础，支持培育以黄梅戏、徽剧、庐剧、泗州戏、傩戏、目连戏、花鼓灯、民歌、杂技等传统表演艺术为特色的文化类特色小镇。搭建专业艺术院校、艺术院团与特色小镇的交流平台，培养人才，提升表演水平；鼓励特色小镇艺术创作，支持申报国家艺术基金；提供文艺展示表演平台，支持、鼓励已经形成一定知名度的各类节庆活动，支持特色小镇申办国际、国内知名文化活动。

（四）支持特色文化产业发展

支持、指导文化类特色小镇申报国家文化产业示范园区和国家、省级文化产业示范基地。支持文化类特色小镇区域内文化企业申报中央文产资金、文化强省专项资金等各类扶持资金，扶持文化企业规模化、产业化发展，鼓励和引导规模企业和民间资本投资特色小镇文化产业。支持文化创意企业入驻文化特色小镇，开发具有地域特色、文化品位的文化创意产品。鼓励文化产业与旅游、金融等相关产业深度融合，大力发展文化旅游业。指导各地运用税收、财政、金融等政策，加大对小微文化企业的扶持力度。

（五）支持公共文化建设

指导推动特色小镇建设各类公共文化服务平台，在引入社会力量参与乡镇文化站建设、购买公共文化服务岗位、“三馆一院”联盟活动推广等方面优先安排。推动“送戏进万村”等公共文化活动和优质文化资源向特色小镇倾斜，支持特色小镇参与民间文化艺术之乡等评选，鼓励文化志愿者走进特色小镇，培育居民文化素养，丰富小镇文化生活。

三、保障措施

（一）认真组织谋划

国家和省“十三五”规划对特色小镇建设提出了明确要求，文化部门要将文化类特色小镇建设作为文化工作的重要组成部分，建立相应的工作机制和组织保障，明确职责内容，注重横向协调，强化上下联动，加强分类指导，充分调动各类文化资源和有利因素，发挥行政和市场两方面的积极性，并将培育和建设文化类特色小镇工作列入年度文化工作考核目标。

（二）明确工作职责

各地文化部门要严格标准，明确特色小镇定位，指导特色小镇制定文化发展规划，有力有序推进文化类特色小镇培育工作。省文化厅将从组织领导、发展规划、工作计划、文化活动、文化产业发展、公共服务保障等方面研究制定文化类特色小镇建设评价办法，及时总结经验进行推广。

（三）强化人才培养

落实创新创业人才扶持政策，加大文化领域人才创新创业扶持力度。鼓励特色小镇引进文化创意、营销策划、品牌建设、文化演艺、非遗大师工作室等文化领域高层次人才；推动文化文物单位、高等院校、企业联合，培养创意与设计人才；支持鼓励有条件的高校、科研机构开展特色小镇文化研究，举办特色小镇文化发展高层论坛。

（四）加大宣传力度

各级文化部门要向党委、政府报告文化类特色小镇培育工作进展，争取重视支持；要及时与有关部门沟通，争取配合与协作；要加强与各类媒体合作，强化对文化类特色小镇建设的宣传报道，扩大示范效应，提高文化类特色小镇的社会影响力。

参考文献

[1] 卫龙宝，史新杰 . 浙江特色小镇建设的若干思考与建议 [J]. 浙江社会科学，2016 (3): 29.

[2] 国家城镇化规划编制工作组 . 国家新型城镇化规划 (2014–2020 年)[Z]. 2014.

[3] 陈立旭 . 论特色小镇建设的文化支撑 [J]. 中共浙江省委党校学报，2016 (5)：21–22.

[4] 陈宇，峰黄冠 . 以特色小镇布局供给侧结构性改革的浙江实践 [J]. 中共浙江省委党校学报，2016 (5)：28–32.

[5] 徐梦周，王祖强 . 创新生态系统视角下特色小镇的培育策略——基于梦想小镇的案例探索 [J]. 中共浙江省委党校学报，2016 (5)：33–38.

[6] 徐剑锋 . 特色小镇要聚集“创新”功能 [J]. 浙江社会科学，2016 (3)：42–43.

[7] 曾江，慈锋 . 新型城镇化背景下特色小镇建设 [J]. 宏观经济管理，2016 (12)：51–56.

[8] 崔海潮 . 集群经济是区域经济发展的新选择 [J]. 延安大学学报，2005 (5)：3–4.

[9] 孙洛平 . 产业集聚的交易费用理论 [M]. 北京：中国社会科学出版社，2006.

[10] [英] 亚当・斯密 . 国富论 [M]. 郭大力，王亚难，译 . 北京：商务印书馆，2019.

[11] 郑胜利 . 经济体制转轨时期中国产业集群研究 [D]. 福州：福建师范大学，2013.

[12] [德] 韦伯 . 工业区位论 [M]. 李刚剑，译 . 北京：商务印书馆，1997.

[13] [美] 马歇尔 . 经济学原理 [M]. 朱志泰，陈良璧，译 . 北京：商务印书馆，2019.

[14] [美] 迈克尔・波特 . 国家竞争优势 [M]. 李明轩，邱如美，译 . 北京：中信出版社，2012.

[15] 陈柳钦 . 产业集群竞争力理论的演变 [J]. 甘肃理论学刊，2016 (5)：116–123.

[16] 纪良钢，陈晓永 . 城市化与产业集聚互动发展研究 [M]. 北京：冶金工业出版社，2005.

[17] 孙洛平 . 产业集聚的交易费用理论 [M]. 北京：中国社会科学出版社，2006.

[18] 刘海洲 . 新型城镇化背景下的特色小城镇设计研究 [D]. 青岛：青岛理工大学，2016.

[19] 王永宁 . 产业集聚视角下的科技企业孵化器发展机制研究 [D]. 重庆：重庆大学，2010.

[20] 陈柳钦 . 产业集群与产业竞争力 [J]. 中国海洋大学学报，2005 (5)：45–50.

[21] 段世德，寿厉冰 . 漂移与叠加——增长极的两种成长模式及启示 [J]. 湖北社会科学，2008 (6)：83.
[22] 郑风田，唐忠 . 论产业集群租金与产业集群演进 [J]. 中国工业经济，2007 (3)：67–68.
[23] 谢思全，刘刚 . 区际产业转移与产业集聚的稳定性明 [J]. 技术经济，2008 (7)：101–103.
[24] 王冰，顾远飞 . 产业集聚论 [M]. 北京：商务印书馆，2014.
[25] 王缉慈，童听 . 新经济地理学视角下的生产性服务业集聚及其影响因素研究 [J]. 管理世界，2009 (6)：78–80.
[26] 王缉慈 . 超越集群—中国产业集群的理论探索 [M]. 北京：科学出版社，2010.
[27] 刘晶 . 企业集群的共生模型及稳定性分析 [J]. 系统工程，2013 (7)：87–89.
[28] 马淑琴 . 中小企业集群：区域经济竞争力提升的新支点 [J]. 经济问题，2003，5 (11)：33–35.
[29] [英] 埃比尼泽・霍华德 . 明日的田园城市 [M]. 金经元，译 . 北京：商务印书馆，2000.
[30] 张元智 . 企业规模、规模经济与产业集群 [J]. 中国工业经济，2004 (6)：79.
[31] 张蔚文 . 政府与建设特色小镇：定位、到位与补位 [J]. 浙江社会科学，2016 (3)：43.
[32] 刘锡宾 . 我省特色小镇建设原则和对策研究 [J]. 政策瞭望，2015 (9)：49.
[33] 刘英骥，牛志伟 . 产业集聚的决定性因素与地方政府作用 [J]. 首都经济贸易大学学报，2009 (5)：10–11.
[34] 蒋东仁 . 产业集群创新的政府行为透析 [J]. 科学与科学技术管理，2006 (1)：26–27.
[35] 陈志平 . 产业集群的发展路径与地方政府的作用定位 [J]. 湖南社会科学，2009 (3)：113–115.
[36] 范恒山 . 新形势下推进城乡统筹发展的若干思考 [J]. 全球化，2015 (11)：5–14+133.
[37] 胡祖才 . 推进特大镇持续健康发展加快培育新生中小城市 [J]. 中国科技投资，2015 (17)：1–2.
[38] 宋为，陈安华 . 浅析浙江省特色小镇支撑体系 [J]. 小城镇建设，2016 (3)：38–41.
[39] 李强 . 特色小镇是浙江创新发展的战略选择 [J]. 中国经贸导刊，2016 (4)：10–13.
[40] 兰建平 . 建设工业特色小镇，加快转型升级发展 [J]. 浙江经济，2015 (19)：14–15.
[41] 李清娟 . 产业发展与城市化 [M]. 上海：复旦大学出版社，2003.
[42] 李勇刚 . 产业集聚与中国区域经济增长问题研究 [J]. 经营管理者，2009 (19)：391–365.
[43] 葛海鹰，丁永健，兆文军 . 产业集聚培育与城市功能优化 [J]. 大连理工大学学报 (社会科学版)，2004 (4)：23–25.
[44] 李莺莉，王灿 . 新型城镇化下我国乡村旅游的生态化转型探讨 [J]. 农业经济问题，2015，36 (6)：29–34+110.
[45] 黄震方，陆林，苏勤，等 . 新型城镇化背景下的乡村旅游发展——理论反思与困境突破 [J].

地理研究，2015，34 (8)：1409–1421.
[46] 陆林，任以胜，朱道才，等 . 乡村旅游引导乡村振兴的研究框架与展望 [J]. 地理研究，2019，38 (1)：102–118.
[47] 尤海涛 . 基于城乡统筹视角的乡村旅游可持续发展研究 [D]. 青岛：青岛大学，2015.
[48] 吴一洲，陈前虎，郑晓虹 . 特色小镇发展水平指标体系与评估方法 [J]. 规划师，2016，32 (7)：123–127.
[49] 毛峰 . 乡村旅游扶贫模式创新与策略深化 [J]. 中国农业资源与区划，2016，37 (10)：212–217.
[50] 陶涛 . 以乡村旅游为导向的村庄规划策略研究 [D]. 杭州：浙江大学，2014.
[51] 郑辽吉 . 乡村生态体验旅游开发研究 [D]. 长春：东北师范大学，2013.
[52] 张树民，钟林生，王灵恩 . 基于旅游系统理论的中国乡村旅游发展模式探讨 [J]. 地理研究，2012，31 (11)：2094–2103.
[53] 詹杜颖 . 品牌效应下的特色小镇构建研究 [D]. 杭州：浙江工业大学，2016.
[54] 王振坡，薛珂，张颖，宋顺锋 . 我国特色小镇发展进路探析 [J]. 学习与实践，2017 (04)：23–30.
[55] 周明 . 特色小镇建设中的文化再造与传播 [D]. 合肥：安徽大学，2019.
[56] 任燕 . 基于地域特征的特色小镇门户景观规划设计研究 [D]. 合肥：安徽建筑大学，2019.
[57] 付岚岚 . 乡村振兴战略下产业特色小镇空间发展对策研究 [D]. 合肥：安徽建筑大学，2019.
[58] 江童 . 戏曲文化特色小镇建设中的政府作用研究 [D]. 桂林：广西师范大学，2019.
[59] 邹甜 . 公共政策导向下特色小镇差异化构建策略研究 [D]. 合肥 ：安徽建筑大学，2018.
[60] 张庆 . 特色小镇导向下的皖北历史文化名镇保护发展研究 [D]. 合肥：安徽建筑大学，2018.
[61] 李杰 . 安徽省建设特色小镇存在的问题与对策研究 [D]. 合肥：安徽农业大学，2018.
[62] 彭玉婷 . 产城融合视角下的特色小镇发展路径研究——以安徽为例 [J]. 安徽科技，2017 (11)：30–32.